Thomas Greif (Hg.)

Stätten protestantischer Geschichte in Bayern

1. Auflage 2006

Gesamtherstellung: Schneider Druck GmbH
Rothenburg ob der Tauber

ISBN 3-87625-035-8
978-3-87625-035-9

Inhaltsverzeichnis

Inhaltsverzeichnis

Vorwort

In unserer Evangelisch-Lutherischen Kirche in Bayern sind wir nicht nur stolz über die bunte Vielfalt des kirchlichen Lebens, sondern auch über die zahlreichen Stätten, die von größeren und kleineren Kapiteln der Geschichte des Protestantismus künden.
Von daher freue ich mich sehr, dass die bedeutendsten dieser Stätten nun in diesem Band zusammengestellt und beschrieben sind. Die Liste ist lang und reicht von A wie Altdorf, dessen Stolz in früheren Zeiten eine Universität mit theologischer Fakultät war, wo rund 200 Jahre lang nahezu alle fränkischen und schwäbischen evangelischen Pfarrer ausgebildet wurden, bis W wie Wilhelmsdorf, dessen protestantische Tradition durch die Hugenotten geprägt wurde.
Egal, ob es Ereignisse von eher regionaler Ausstrahlung waren wie das Jahrhunderte lange konfessionelle Nebeneinander von Evangelischen und Katholiken in der Stadt Oettingen, oder Begebenheiten, die große Geschichte geschrieben haben wie der Augsburger Religionsfrieden oder Luthers Aufenthalt auf der Veste Coburg – sie alle haben eine Prägekraft für die Geschichte unserer Kirche und die Identität von uns evangelischen Christen.
Ich wünsche den Leserinnen und Lesern dieses Buches, dass sie etwas von dieser Faszination entdecken, die von diesen Stätten und Geschichten, die darum ranken und bis heute lebendig sind, ausgeht.

Herzlichst Ihr

Dr. J. Friedrich

Landesbischof Dr. Johannes Friedrich

Einführung

Geschichte verknüpft menschliches Wirken mit Raum und Zeit. Die Zeit geht dahin; der Ort aber bleibt und gibt noch nach Jahrhunderten eine Ahnung des Vergangenen.

Dem „genius loci" wohnt für die meisten Menschen – zumal, wenn sie als Touristen eine ihnen fremde Gegend erkunden – ein magischer Zauber inne. Historische Stätten machen Geschichte erlebbar und stiften Identität. Darum ging es in der Serie „Stätten protestantischer Geschichte in Bayern", die im Jahr 2005 im Sonntagsblatt – Evangelische Wochenzeitung für Bayern erschien und hier nun in leicht modifizierter Form als Sammelband gereicht wird.

Die Autorinnen und Autoren können und wollen dabei den etablierten Standardwerken zur protestantischen Geschichte in Bayern keine Konkurrenz machen. Dieses Buch ist eher eine Kreuzung aus Lesebuch und Reiseführer. So möge es auch verstanden werden. Manche Epochen und Ereignisse, etwa die Reformationszeit, sind naturgemäß besonders stark vertreten; manch großes Thema der protestantischen Geschichte in Bayern wie die Zuwanderung österreichischer Exulanten nach Franken im 17. und 18. Jahrhundert fehlt, weil es sich nicht anschaulich verorten lässt.

Zu danken habe ich namens des Autorenteams Herrn Archivdirektor i.R. Helmut Baier und Herrn Oberkirchenrat i.R. Claus-Jürgen Roepke für ihre freundliche Beratung bei der Auswahl der Orte sowie Herrn Dr. habil. Rudolf Keller vom Verein für Bayerische Kirchengeschichte, der die Weichen für die Veröffentlichung in Buchform stellte. Hanne Fauler und Anne Halke besorgten die umfangreichen Bildbearbeitungen. Mein besonderer Dank gilt Herrn Wolfgang Schneider und seinen Mitarbeitern Karlheinz Rost und Fritz Vorlaufer des J.P. Peter-Verlages in Rothenburg ob der Tauber für die Bearbeitung und Aufnahme des Manuskriptes in das Verlagssortiment.

Nürnberg, im September 2006

Dr. Thomas Greif

Stätten protestantischer Geschichte in Bayern

Kaderschmiede für die Pfarrerschaft

An der Universität Altdorf wurden 200 Jahre lang fast alle evangelischen Theologen des heutigen Bayern ausgebildet

Die Kirche ist großzügig, fast prachtvoll; in ihrem Chorraum ruht einer der bedeutendsten Juristen Europas. Die Gehsteige in der Innenstadt sind – ungewöhnlich für eine Kleinstadt – grundsätzlich rollstuhlfreundlich abgesenkt. Und der Direktor des örtlichen Gymnasiums muss, wenigstens inoffiziell, ein Protestant sein.

Man möchte es nicht glauben, aber für alle drei Beobachtungen, die man bei genauem Hinsehen im Landstädtchen Altdorf im Südosten Nürnbergs machen kann, gibt es die gleiche historische Begründung. Denn über 200 Jahre lang bestand hier eine in ganz Europa bekannte und geachtete Universität, deren Theologische Fakultät eine überragende Bedeutung für die frühen protestantischen Landeskirchen im heutigen Bayern besaß. Bis in die Mitte des 18. Jahrhunderts hatten fast alle evangelischen Pfarrer, die in

Die Alte Universität in Altdorf: Dort, wo jahrhundertelang Professoren und Studenten zusammenlebten und arbeiteten, ist heute ein Heim für körperbehinderte Kinder und Jugendliche untergebracht

Die Universitätsgebäude auf einem Bauplan aus dem frühen 19. Jahrhundert

Franken und Schwaben tätig waren, in Altdorf studiert. In der Laurentiuskirche wurden an die 1200 von ihnen ordiniert – eine für ganz Bayern einmalige und wahrscheinlich uneinholbare Zahl.

Ihren Ruhm als Universitätsstadt verdankten die Altdorfer den viel zu vielfältigen Zerstreuungsmöglichkeiten, die anno 1565 die Reichsstadt Nürnberg den Schülern im dortigen „Gymnasium illustre" zu bieten hatte. Joachim Camerarius, einstiger Gründungsrektor dieser ersten evangelischen Oberschule in Deutschland, empfahl nämlich seinerzeit dem Rat der Stadt die Verlegung aufs ruhigere Land, „...dass weniger occasion und Zufälle gegeben, dadurch die Jugend an der Lehr und Zucht verhindert möchte werden".

Altdorf bekam den Zuschlag; und schon eine Generation später war an der Silbergasse eine prächtige Renaissancefestung der Wissenschaften in Dienst gestellt, samt Uhrturm, Torhaus und Brunnen als unübersehbare Zeichen höchster Wertschätzung der neuen Lehranstalt seitens ihrer Sponsoren, den reichen Nürnberger Patrizierfamilien. 1578 wurde die Schule per kaiserlichem Dekret zur Akademie, 1622 dann zur Universität erhoben. Mit einem kleinen Schönheitsfehler freilich, der den konfessionellen Zwistigkeiten inmitten des Dreißigjährigen Kriegs geschuldet war: Denn der Habsburgerkaiser Ferdinand II. verweigerte den protestantischen Nürnbergern das Promotionsrecht ihrer Theologischen Fakultät. Das reichte erst Leopold I.

über 70 Jahre später nach. In Altdorf lehrten Professoren von europäischem Rang. Etwa ebenjener, in St. Laurentius bestatteter Hugo Donellus, einer der Väter des modernen Zivilrechts, der Historiker, Jurist und Hebraist Johann Christoph Wagenseil oder der Philologe Johann Heinrich Schulze, der mit seinen chemischen Studien die Grundlagen der Fotografie schuf.

Die Altdorfer Theologie des 18. Jahrhunderts beeinflusste die Entwicklung der Kirchengeschichtsschreibung und der praktischen Theologie als wissenschaftliche Disziplin – immerhin fanden hier die ersten theologisch-praktischen Seminare in Deutschland statt. Im nahen Penzenhofen durften sich die angehenden Pfarrer im Predigen vor dem Volk üben. Auch als Ort der Druckkunst machte sich Altdorf einen Namen: So entstanden hier etwa die „Zeltner-Bibel" von 1730 oder mehrere Gesangbücher, darunter die „Altdorffische Davids-Harpfe".

Mit der Gründung der Konkurrenz-Uni in Erlangen und dem finanziellen Niedergang der Reichsstadt Nürnberg kam auch das Ende der Altdorfina. „Diese Dinge haben uns das Genick gebrochen", sagt Hans Recknagel, einstiger Stadtarchivar und Verfasser der aktuellsten Darstellung der Universitätsgeschichte. Der Wehmut des Lokalpatrioten klingt bis heute durch. 1809 verfügte der Bayernkönig Maximilian I. die Auflösung der Hochschule.

Die Spuren ihrer Blütezeit, in der Altdorf mit seinen vielleicht 3000 Einwohnern eine akademische Hochburg und dabei ein geistiges Zentrum des süd-

Adressen

Kulturamt der Stadt Altdorf, Oberer Markt 2, 90518 Altdorf, Tel. (09187) 807-100, E-Mail altdorf.kulturamt@lau-net.de, Internet www.altdorf.de

Universitätsmuseum, Neubaugasse 2, Tel. (09187) 9545-50, E-Mail altdorf.museum@lau-net.de Internet www.altdorf.de. ÖZ: Sa./So. 14-17 Uhr u. n. Vereinb.

Ev.-Luth. Kirchengemeinde Altdorf, Kirchgasse 4, Tel. (09187) 902806 E-Mail pfarramt@ev-altdorf.de, Internet www.ev-altdorf.de. ÖZ der Kirche: täglich 9 bis 17 Uhr.

Wallenstein-Festspielverein, Neubaugasse 7, Tel. (09187) 2745, E-Mail info@wallenstein-festspiele.de, Internet www.wallenstein-festspiele.de

Alle drei Jahre erinnern die Altdorfer mit den farbenprächtigen Wallenstein-Festspielen an ihre vergangene „große" Zeit

Altdorfer Druckkunst: die „Zeltner"-Bibel von 1730, hier gezeigt vom früheren Stadtarchivar Hans Recknagel

deutschen Protestantismus war, begegnen innerhalb der Altstadtmauern auf Schritt und Tritt. Den Gottesdienst kann man wahlweise von den gläsernen Logen im Chorraum aus verfolgen, in denen die Frauen der Professoren und die Familie des Nürnberger Landpflegers saß, oder gleich vom baldachinbekrönten Sitz des Universitätsrektors aus.

Das Universitätsmuseum samt Doktorsgärtlein gibt Eindrücke von Organisation, Lehrbetrieb und Persönlichkeiten der Altdorfina. Vor allem aber das vollständig erhaltene Universitätsgebäude lässt die stolze Vergangenheit der Stadt lebendig werden. Es blieb auch nach der Auflösung der Universität genutzt, zunächst als Lehrerseminar, dann, bereits seit 1925, als „Krüppelheim" (was die traditionelle Offenheit der Altdorfer gegenüber den Belangen von Behinderten erklärt – und die abgesenkten Gehsteigkanten).

Als »Wichernheim« gehört es den Rummelsberger Anstalten: In den einstigen Professorenwohnungen leben und lernen körperbehinderte Jugendliche, und der einstige Theologische Hörsaal dient als Gute Stube Repräsentationszwecken aller Art. An die Studienzeit des Feldherrn Wallenstein erinnern neben einem Brunnen vor dem ehemaligen Pflegschloss auch die alle drei Jahre stattfindenden Wallenstein-Festspiele, die den Ort über den Sommer in das 17. Jahrhundert zurückversetzen.

Die Altdorfer blicken auf ihre Vergangenheit übrigens mit einer Mischung aus Wehmut und trotzigem Stolz. Und wer sich über den Platz in der zweiten Reihe grämt, den die Stadt seit 200 Jahren hat und den sie sogar in ihrem offiziellen Namen bekennen muss (nämlich Altdorf bei Nürnberg), kann sich in Beschreibungen wie die des Altdorfer Medizinprofessors Johann Jacob Baier flüchten, der einstmals hoch erfreut formulierte: „Man kann mit Wahrheit sagen, dass allhier fleißiger gelesen werde als auf vielen andern Academien...".

Thomas Greif

Literaturtipps

Klaus Leder:
Universität Altdorf.
Zur Theologie der Aufklärung in Franken.
Nürnberg 1965

Hans Recknagel:
Die Nürnbergische Universität Altdorf und ihre großen Gelehrten.
Feucht 1989

Pfälzer Religionsroulette

Als Residenzstadt der Oberen Pfalz war Amberg einst reich – und protestantisch

Wie aus einem lutherischen Land ein katholisches wurde, wie die Obere Pfalz zu Bayern kam, das ist ein historischer Krimi voller Konfessions-Turbulenzen. Ein „Winterkönig" und sein Münchner Verwandter spielen die Hauptrollen.

Zum malerischen Bild, das die Stadt Amberg ihren Besuchern bietet, gehören die umlaufende Stadtmauer, die gotische Hauptkirche St. Martin, das stolze Rathaus oder das Renaissance-Schloss. Über dieses Bild schiebt sich jedoch so etwas wie eine intensive, bunte und überaus attraktive Barock-Lasur. Ob Jesuitenkolleg und St. Georgskirche, die Wallfahrtskirche Maria Hilf etwas oberhalb der Stadt, das Rokoko-Kleinod der Schulkirche oder die heute evangelische Paulanerkirche – alle diese Gebäude sind auch Zeugen für das Programm, mit dem man das ehedem tief protestantische Amberg wieder „katholisch machte".

An den Anfang der Geschichte von den fünf Amberger Konfessionswechseln binnen nur 90 Jahren kann man vielleicht Sebastian Fröschel (1497-1570) setzen. Der Amberger Bürgerssohn lebte in einer reichen Gegend:

In Ambergs gotischer Martinskirche wurde 1596 der „Winterkönig" getauft

Jesuitischer Sperrriegel gegen reformatorische Umtriebe: Ein ganzes mittelalterliches Stadtviertel rund um St. Georg musste in Amberg für das Kolleg der Jesuiten weichen. Die ersten Jesuiten kamen 1621 mit den bayerischen Truppen in die Stadt

Die Oberpfalz, die im heutigen Bayern als „strukturschwach" gilt, war das Ruhrgebiet des Mittelalters. Reichlich Erz gab es, genug Holz zur Verhüttung, Wasser für die Hammerwerke und Kunden im ganzen Reich. Die Lage zwischen Prag, Regensburg und Nürnberg, zwischen Böhmen und Franken war ideal. Bayerisch war die „Obere Pfalz" noch nicht. Man gehörte zur weit entfernten „Unteren Pfalz"«, der wittelsbachischen Kurpfalz am Rhein.

Im Sommer 1519 war der Amberger Fröschel gerade in Leipzig zum »Magister Artium« promoviert, da wurde er Augenzeuge der „Leipziger Disputation" zwischen Martin Luther und Johannes Eck. Fröschel wurde zum Reformations-Fan und zog nach Wittenberg, war mit Melanchthon und Bugenhagen befreundet.

Landesherr Friedrich II. zögerte noch, wie er es mit der Reformation halten wolle, und lavierte zwischen seinem Volk, das in seiner Oberen Pfalz lutherisch geworden war, und dem Kaiser. 1556, nach dem Augsburger Religionsfrieden, wurde dann – für seine drei letzten Lebensjahre – der soeben in der Neuburger Pfalz grandios bankrott gegangene Ottheinrich Kurfürst der Stammpfalz. Und führte auch hier die lutherische Reformation offiziell ein.

Die konfessionelle Einheit zwischen Volk und Landesherr währte nicht lange. Ottheinrichs Nachfolger Friedrich III. („der Fromme"), trat zum sittenstrengen Calvinismus über. Doch Amberg und andere Orte der Oberen Pfalz wollten nicht mitziehen. Was die Situation pikant machte: Friedrichs Sohn Ludwig, als Kurprinz traditionell in Amberg ansässig, blieb ebenfalls ein überzeugter Anhänger der lutherischen Lehre. Als er 1576 Kurfürst wurde, machte er die Heidelberger Kirchenordnung sofort wieder rückgängig.

Die reiche Flugblattliteratur der Zeit belegt, wie sehr die konfessionellen Unterschiede von Abendmahl bis Kirchenordnung damals auch „das Volk" bewegten. In Amberg fand das innerprotestantische Hin und Her mit dem »Amberger Lärmen« im Februar 1592 seinen Höhepunkt. Hintergrund: Der nächste Landesherr hatte gleich wieder Schluss gemacht mit der Lutherei und war dabei nicht zimperlich vorgegangen. Als die calvinistische Regierung erneut die administrativen Zügel anzog, versammelten sich 1400 bewaffnete Amberger Bürger auf dem Marktplatz und „lärmten". Der auf einem zeitgenössischen Stich des Aufruhrs zu sehende Fenstersturz scheint den Prager Fenstersturz voraus zu nehmen, der den Beginn des Dreißigjährigen Kriegs markiert. Für wenige Jahre folgte ein brüchiger Friede zwischen geduldeten Lutherischen und einer calvinistischen Regierung, die frei gewordene Pfarrstellen entschlossen mit reformierten Predigern besetzte.

Anfang Oktober 1596 wurde im Martinsmünster dann der pfälzische Kurprinz Friedrich getauft, der das Ende der Reformation in der Oberpfalz besiegeln sollte. Als Kurfürst und Anführer der protestantischen Union heiratete er 1613 steil nach oben: Seine Verbindung mit der englischen Königstochter Elizabeth Stuart machte ihn zu einem Fürsten von europäischem Rang. Als die nicht katholischen böhmischen Stände mit dem „Prager Fenstersturz" den katholischen Habsburgern den Krieg erklärt hatten, konnte Friedrich der Versuchung nicht widerstehen, sich 1619 als protestantischer

Adressen

Tourist-Information Amberg,
Zeughausstr. 1a,
92224 Amberg,
Tel. (09621) 10-239
E-Mail
tourismus@amberg.de
Internet
www.amberg.de

Stadtmuseum Amberg,
Zeughausstr. 18,
Tel. (09621) 10-283 und 10-284.
E-Mail stadtmuseum@amberg.de,
Internet www.amberg.de/museum/.
ÖZ Di bis Fr 11 bis 16 Uhr, Sa und So 11 bis 17 Uhr.

Ev.-Luth. Pfarramt Paulanerkirche,
Paulanergasse 12,
Tel. (09621) 48590,
E-Mail
Ev.Paulanerkirche.Amberg@asamnet.de,
Internet www.paulanerkirche-amberg.de

Die zeitgenössische Abbildung des „Amberger Lärmens" im Februar 1592 zeigt, dass bürgerkriegsähnliche Zustände zwischen calvinistischer Verwaltung (Fenstersturz eines Beamten) und lutherischer Bevölkerung herrschten

Friedrich V., der tragische böhmische „Winterkönig"

Schutzherr in Prag zum böhmischen König krönen zu lassen.

Ein fataler Fehler. Friedrich hatte nun die katholische Liga und mit den Habsburgern die bedeutendste Macht Europas gegen sich. Sein entfernter Verwandter, Herzog Maximilian von Bayern, witterte die Chance. Er schielte auf die Kurwürde der Pfälzer Wittelsbacher und auf die Obere Pfalz. In einem Geheimvertrag ließ er sich beides vom Kaiser als Kriegsbeute zusichern.

Friedrich blieb nur einen Winter lang König. Als tragischer »Winterkönig« verspottet ging er in die Geschichte ein: Maximilian und die kaiserlich-bayerischen Truppen stellten ihn 1620 bei Prag am Weißen Berg. Die Schlacht endete in einer totalen Niederlage Friedrichs, der samt Familie überstürzt zur reformierten Verwandtschaft mütterlicherseits nach Holland floh.

1621 rückten in Amberg und der Oberpfalz die bayerischen Truppen ein. In ihrem Gefolge Franziskaner, Kapuziner und vor allem Jesuiten. Ihr Auftrag: »eine vollkommene allgemeine und durchgehende Reformation in Glaubenssachen einzuführen«. Maximilian, nunmehr zum Kurfürsten aufgestiegen, meinte damit natürlich die Umkehr zum katholischen Glauben.

1623 mussten die reformierten, 1625 die lutherischen Pfarrer das Land verlassen. Im April 1628 befahl der neue Landesherr mit seinem „Religionspatent", die Bevölkerung habe binnen eines halben Jahres katholisch zu werden – oder auszuwandern. Der Besuch evangelischer Gottesdienste war nun verboten, »unkatholische« Bücher wurden beschlagnahmt. Kaufleute, Handwerker und Beamte wanderten in die Reichsstädte Nürnberg und Regensburg aus. Die Oberpfalz verlor so zwar nicht viele Menschen, aber fast ihre gesamte politisch-kulturelle und wirtschaftliche Elite.

Das bayerische Amberg wurde barock. Aber die Folgen der Politik seines Vorfahren scheinen Kurfürst Max Joseph im November 1800 gegenwärtig gewesen zu sein, als er ausgerechnet in Amberg ein Edikt zur konfessionellen Toleranz erließ. Die „irrige Meinung", merkte er an, die katholische Religion sei Voraussetzung für das Bürgerrecht „in Baiern", sei „von nachtheiligsten Folgen für die Beförderung der Industrie und Kultur in diesem Land Zeit hero gewesen".

Markus Springer

Literaturtipp

Peter Wolf (Hg.): Der Winterkönig. Friedrich V., der letzte Kurfürst aus der oberen Pfalz (Ausstellungskatalog). München 2003

Günter Moser, Bernhard Setzwein: Amberg – Die Stadt an der Vils. Amberg 2000

Alle Wege führen nach Ansbach...

...wenigstens für bayerische Pfarrer – Die einstige Markgrafenstadt ist seit Jahrhunderten ein Zentrum des fränkischen Protestantismus

Siebenunddreißig Kandidaten
Sind nach Ansbach eingeladen:
Zeugnis sollen sie dort geben
Was sie im Studentenleben
Wissenschaftlich einstudiert
Und in Fleisch und Blut geführt.

Der dieses schrieb, war selbst unter besagten 37 Kandidaten gewesen. Am Anfang der Kirchenkarriere des Christian Geyer (1862-1929), später berühmter Volksprediger in Nürnberg, stand eine Stippvisite in Ansbach, wo seit dem ausgehenden 19. Jahrhundert alle angehenden evangelischen Pfarrerinnen und Pfarrer Bayerns examiniert werden. Mögen im Sprichwort alle Wege nach Rom führen – für die Theologen hierzulande gilt bis heute etwas anderes, übrigens nicht nur beim Examen, sondern auch bei den Ordinationsjubiläen.

Die beiden Hauptkirchen St. Gumbertus (links) und St. Johannis bestimmen bis heute die Stadtsilhouette der einstigen Markgrafenresidenz Ansbach

Die Glasfenster im Chorraum der Johanniskirche sind eine Verbeugung vor der reformatorischen Tradition der Stadt. Dargestellt sind wichtige Stationen der Reformation, hier der Abschluss von Luthers Bibelübersetzung (1534) und der Reichstag zu Worms (1521)

Damit ist die Bedeutung, die Ansbach für Deutschlands Lutheraner bis heute besitzt, freilich allemal nur angetippt. Die einstige Markgrafenstadt gehörte zu den Schrittmachern der Reformation im Reich; sie war über hundert Jahre neben Bayreuth eine der beiden Hauptstädte des königlich-bayerischen Protestantismus, sie war 1919 Geburtsstadt der heutigen bayerischen Landeskirche und 1946 Schauplatz der ersten Nachkriegssynode. Von Ansbach aus wurde im 18. Jahrhundert, dank des kirchbaufreundlichen Markgrafen Carl Wilhelm Friedrich und seines Baumeisters Johann David Steingruber, das architektonische Gesicht einer ganzen Landschaft beeinflusst, einer Landschaft, die noch heute gern als „protestantisches Kernland Bayerns" firmiert.

Bei der Kirche vor Ort ist man mit dem Begriff nicht unbedingt glücklich. Wer ihn verwendet, denkt an die stolze Reformationshistorie, an Wilhelm Löhe, vielleicht auch noch an die Nachkriegsjahrzehnte, als westmittelfränkische Honoratioren in der Landessynode den Ton angaben – allen voran Karl Burkhardt, einstiger OB von Ansbach und Regierungspräsident von Mittelfranken (Sitz: Ansbach!) und in den 1960er und 70er Jahren 24 Jahre lang Synodalpräsident. „Auch hier gibt es eine zunehmend säkulare Bevölkerung", resümierte der einstige Dekan Matthias Oursin: „Man kann sich auf das Erbe nicht nur berufen, sondern man muss auch unsere Zeit damit ansprechen." In den letzten Jahren sind neue Kristallisationspunkte kirchlichen Lebens entstanden: Die Evangelische Schule etwa, das Evangelische Bildungswerk, oder auch die Arbeitsgemeinschaft christlicher Kirchen (AcK), die in Ansbach seit zwei Jahren wirkt. Auch die Bachwoche, die als relativ junges Kulturfest seit 1947 im Zweijahresturnus stattfindet und sich inzwischen in einem eigenen Bach-Gedenkstein im Stadtzentrum manifestiert, ist eng mit dem kirchlichen Geschehen verwoben.

Freilich, ihre Tradition wollen und können die Ansbacher gar nicht verstecken. Seit Jahrhunderten wird die Stadtsilhouette von den beiden Hauptkirchen St. Johannis und St. Gumbertus geprägt, die zum Erstaunen auswärtiger Besucher nur ein paar Steinwürfe voneinander entfernt liegen und doch der gleichen Konfession angehören. Der Name des Platzes, der beide verbindet, ist Programm – es ist der Martin-Luther-Platz. Fast zwangsläufig ergibt sich aus der räumlichen Nähe eine Rivalität, die eine Grundkonstante kirchlichen Lebens in der Stadt ist. St. Gumbertus ist von beiden die ältere und jüngere zugleich: Älter, weil das einstige Gumbertuskloster im 8. Jahrhundert die Keimzelle Ansbachs war, jünger, weil der heutige Bau, die einstige markgräfliche Hofkirche, von 1738 stammt und erst in königlich-bayerischer Zeit zur Pfarrkirche einer eigenen Gemeinde wurde. Die nüchterne Gumbertuskirche mit ihrem schlichten Predigtsaal und dem Kanzelaltar gilt als Prototyp der „Markgrafenkirche", die man in Franken vielerorts antrifft.

Drüben, in der spätgotischen St. Johanniskirche, wo 1525 erstmals in Ansbach in deutscher Sprache gepredigt wurde, wird auf den Chorfenstern von 1904 die ganze Reformationsgeschichte erzählt, vom Thesenanschlag über Worms, Speyer und Augsburg bis zum Westfälischen Frieden. Ansbachs Stadtreformator, der Pfarrer Johann Rurer von St. Johannis, hat ebenso seinen Ehrenplatz wie Markgraf Georg, dessen Entscheidung für Luther anno 1528 das halbe Franken bis heute seine evangelische Prägung verdankt. Seinen Beinamen „der Fromme" hat er daher nicht zu unrecht, wenngleich man die Frömmigkeit eines Renaissancefürsten nicht allzu eng sehen darf: Wenn der Markgraf mit seiner Entourage aufkreuzte, konnten schon mal „Tische, Bänke, Fußböden, Kleider und Körper von Wein triefen", wie ein Chronist des Klosters Heilsbronn beschrieben hat. Schon besser zum stolzen Beinamen passt da die berühmte Geschichte von Georgs Bekenntnis gegenüber Kaiser Karl V. beim Reichstag von Augsburg 1530 („Lieber lass´ich mir den Kopf abschlagen, als vom Evangelium zu lassen"), die Karl zu seinem einzigen überlieferten Satz in

Adressen

Amt für Kultur und Touristik, Johann-Sebastian-Bach-Platz 1, 91522 Ansbach
Tel. (0981) 51243,
Fax 51365,
E-Mail: akut@ansbach.de,
Internet: www.ansbach.de

Markgrafenmuseum, Kaspar-Hauser-Platz 1,
Tel. (0981) 977 5056,
E-Mail: museum@ansbach.de,
Internet www.ansbach.de.
ÖZ: täglich außer Mo 10 bis 17 Uhr, im Sommer kein Ruhetag.

Ev.-Luth. Pfarramt St. Johannis, Luisenstr. 2,
Tel. (0981) 9523-110,
Internet www.st-johannis-ansbach.de

Ev.-Luth. Pfarramt St. Gumbertus, Reitbahn 2,
Tel. (0981) 2681,
E-Mail pfarramts-buero@gumbertus.de,
Internet www.gumbertus.de

Das Tafelgemälde von Hans Herneberger im Heilsbronner Münster zeigt Markgraf Georg den Frommen im Alter von 39 Jahren

Das moderne Denkmal für Johann Sebastian Bach erinnert an die Tradition der Bachpflege in der Markgrafenstadt

deutscher Sprache nötigte: „Löver Fürst, nit Kop ab, nit Kop ab!"

Georgs Tatkraft und seiner Einsicht, diesmal ausnahmsweise die alte Feindschaft mit Nürnberg beiseite zu stellen, verdankt die protestantische Kirche eine ihrer ältesten und tragfähigsten Kirchenordnungen, die Nürnbergisch-Brandenburgische Kirchenordnung von 1533, für Jahrhunderte ein liturgischer Leitfaden für Frankens Lutheraner.

Zwei theologische Papiere von großer Tragweite gingen von Ansbach aus. Die „23 Ansbacher Artikel", die Johann Rurer und der markgräfliche Kanzler Georg Vogler 1528 ausgearbeitet hatten, waren eine wichtige Wegetappe zum Augsburger Bekenntnis. Der „Ansbacher Ratschlag" von 11. Juni 1934 dagegen gilt bis heute als eine der folgenschwersten Verirrungen der evangelischen Theologie im Umgang mit dem Nationalsozialismus.

Die Schrift, unterzeichnet unter anderem von den prominenten Professoren Werner Elert und Paul Althaus, lobte in scharfer Abgrenzung zur Barmer Erklärung das NS-Regime als „gut Regiment" und dankte Gott für den Führer als „frommen und getreuen Oberherrn". Der hatte in der Weimarer Zeit immerhin sieben Mal im Haus des zweiten Johannispfarrers Max Sauerteig übernachtet, der als allererster Getreuer Hitlers im Franken der 1920er Jahren galt.

Nach 1934 wurde Ansbach zu einem der Zentren des Kirchenkampfes. Und auch im Untergang des „Dritten Reiches" spielt die Stadt noch eine Rolle: Hier residierte in den letzten Kriegsmonaten interimsmäßig die Kirchenleitung samt Landesbischof Hans Meiser, dem einzigen Ehrenbürger Ansbachs. Für kurze Zeit, wenn auch unter widrigen Umständen, war aus der „heimlichen Hauptstadt" die tatsächliche Hauptstadt der bayerischen Protestanten geworden.

Thomas Greif

Literaturtipps

Holger Lang: St. Johannis – Ansbach. Stadtkirche und Gemeinde im Wandel der Zeit. Ansbach 2003

Svetozar Sprusansky (Hg.): 450 Jahre evangelisches Ansbach. Katalog zur gleichnamigen Ausstellung des Landeskirchlichen Archivs. Ansbach 1978

Hans Sommer (Hg.): Es geschah im Namen des Glaubens. Evangelisch im Dekanat Ansbach. Erlangen 1991

Brennpunkt der Reformationsgeschichte

In Augsburg wurden im 16. Jahrhundert die historischen Weichen in die Neuzeit gestellt

Am 8. August feixen die Augsburger. Weil sie, anders als der Rest der Republik, nicht arbeiten müssen. Ihren einzigartigen lokalen Feiertag, das „Hohe Friedensfest", verdanken sie auf Umwegen der exklusiven Rolle, die ihre Stadt in der Reformationsgeschichte spielte. Zwei der bedeutendsten Dokumente der Neuzeit tragen den Namen Augsburgs im Titel: Die „Confessio Augustana" und der „Augsburger Religionsfriede", dessen Beschluss vor 450 Jahren heuer mit großem Aufwand gefeiert wird.

Nirgendwo in Europa verdichtet sich das unruhige 16. Jahrhundert derart wie hier: Wer durch die Straßen der Augsburger Innenstadt schlendert,

Im Augsburger Rathaus (links) wurde 1555 mit der Verabschiedung des Religionsfriedens große Geschichte geschrieben

Eines von drei zentralen Daten der Reformationsgeschichte: Luther (links) im Verhör durch den päpstlichen Legaten Cajetan. Das Gespräch fand im Augsburger Fuggerpalast statt

kommt nicht umhin, auf Schritt und Tritt der ganz großen Politik am Übergang vom Mittelalter zur Neuzeit zu begegnen. Im Vergleich zum Reichtum der Augsburger Kaufmannsdynastien der Fugger oder Welser in ihrer Zeit sind Bill Gates oder Roman Abramowitsch die reinsten Waisenknaben. Den Kaiser des Heiligen Römischen Reiches verspotteten seine Gegner als „Bürgermeister von Augsburg", weil er sich gar zu gerne im Kreise der Fugger aufhielt – kein Wunder, denn ohne deren Geld konnte der notorisch klamme Maximilian I. ebenso wie sein glückloser Nachfolger Karl V. nichts, aber auch gar nichts ausrichten.

Das architektonische Gesicht der Stadt stammt aus jener Zeit. Der Fuggerpalast mit den prachtvollen Innenhöfen, in denen allenfalls das Wetter mitunter daran erinnert, dass sie sich nördlich der Alpen befinden; das Renaissance-Rathaus des genialen Stadtbaumeisters Elias Holl mit dem Goldenen Saal in seiner fast aufreizenden Zurschaustellung von Reichtum; die mondäne Maximilianstraße, eine Art Champs Elysees der frühen Neuzeit, die Fuggerkapelle in St. Anna: Pompöser Prunk allerorten, an dem sich wieder und wieder auch die Oberen Zehntausend des Reiches erfreuten, wenn der Kaiser hierher den Reichstag einberufen hatte.

Seinen ersten Eintrag im Reformationsgeschichtsbuch verdankt Augsburg diesem Umstand ebenso wie seiner geographischen Lage – weit genug weg von Rom und nicht allzunah an Wittenberg. Dort hatte 1517 der damals noch völlig unbekannter Augustinermönch Martin Luther die herrschende Weltordnung in Frage gestellt, ohne es zunächst richtig selber zu merken.

Das avisierte Verhör im Vatikan ob seiner aufrührerischen Thesen blieb Luther erspart; dafür hatte er sich vom 12. bis 14. Oktober 1518 vor dem päpstlichen Kardinallegaten Cajetan einzufinden, der sich nach beendetem Reichstag noch in Augsburg aufhielt. Luther wohnte im Karmeliterkloster St. Anna, wo man noch heute über ausgetretene Holzbohlen, die „Lutherstiege", Räume ersteigt, die zumindest so authentisch aussehen wie vor 500 Jahren und ein kleines Museum beherbergen. Das mehrtägige Verhör fand im Fuggerpalast statt, und der große Luther-Biograph Richard Friedenthal hat die Bedeutung dieses Zusammentreffens unterstrichen: „'Widerrufe!' rief Cajetan nochmals, als Luther sich schon zum Gehen wandte. Und dieser Augenblick, allen Beteiligten damals noch unbewusst, war der Bruch Luthers mit der Kirche, der Kirche mit Luther."

Zwölf Jahre später sehen wir Augsburg erneut im Auge des Sturms, diesmal schon auf ganz anderer Ebene: Nicht ein Mönch und ein päpstlicher Gesandter stritten sich nunmehr hinter verschlossenen Türen um theologische Lehrsätze, sondern der Kaiser und die mächtigsten Fürsten des Reiches um die Einheit des Heiligen Römischen Reiches. Vor dem offenen Fenster eines Tagungsraumes in der fürstbischöflichen Residenz, dem „Fronhof", versammelte sich das Volk zu Tausenden, um dem sächsischen Kanzler Christian Beyer zu lauschen, der – bei offenem Fenster und mit lauter Stimme – droben, am 25. Juni 1530, eine Eingabe von sieben Fürsten und zwei Reichsstädten verlas. Philipp Melanchthon hatte darin die wesentlichen Grundzüge von Luthers Lehre zusammengefasst: Die „Confessio Augustana" war geboren, der sich schließlich auch die namengebende Reichsstadt Augsburg anschloss, in der man seit 1525 das Abendmahl in beiderlei Gestalt feierte.

Markstein protestantischer Geschichte: Die Verlesung der „Confessio Augustana" durch den sächsischen Kanzler Christian Beyer, der aus Kleinlangheim in Unterfranken stammte

Es sollte ein gutes frühneuzeitliches Menschenalter dauern, bis für den 1530 zementierten Konflikt wenigstens im Politischen eine halbwegs tragfähige Lösung gefunden war, und es ist ein eigenartiger Zufall der Geschichte, dass wieder Augsburg zum Ort des Geschehens wurde. Der „Augsburger

Adressen

Regio Augsburg Tourismus GmbH, Schießgrabenstr. 14, 86150 Augsburg, Tel. (0821) 50207-0, E-Mail tourismus@regio-augsburg.de, Internet www.regio-augsburg.de

Maximilianmuseum, Philippine-Welser-Str. 24, Tel. (0821) 324-4102 oder 4111, E-Mail kunstsammlungen.stadt@augsburg.de, Internet www.augsburg.de ÖZ Di bis So 10 bis 17 Uhr.

Ev.-Luth. Pfarramt St. Anna (mit Lutherstiege), Fuggerstr. 8, Tel. (0821) 343710, E-Mail pfarramt@st-anna-augsburg.de, Internet www.st-anna-augsburg.de

Die St.-Anna-Kirche, neben der Luther seinerzeit wohnte, ist bis heute das evangelische Herz Augsburgs

Religionsfriede" vom 24. September 1555 wurde freilich, schon das allein bezeichnend, nicht mehr im Bischofspalast verhandelt, sondern im Vorgängerbau des heutigen Rathauses. Die Lutheraner waren nun reichsrechtlich anerkannt, des Kaisers Traum von der Einheit des Abendlandes ausgeträumt. „Der Religionsfriede markiert das Ende des Mittelalters", sagt denn auch der Erlanger Neuzeithistoriker Helmut Neuhaus.

Augsburg hat an seinem hohen Symbolwert für die evangelische Sache bisweilen schwer getragen. Im Dreißigjährigen Krieg waren alle evangelischen Kirchen zeitweise geschlossen; in St. Anna feierte man 14 Jahre lang den Gottesdienst im Innenhof des einstigen Klosters. Die Heilig-Kreuz-Kirche wurde gar abgerissen. So erleichtert waren die Augsburger Protestanten über den Westfälischen Frieden, dass sie 1650 eine eigene Gedenkfeier installierten: Das Hohe Friedensfest, bis heute begangen und seit Ende der 1980er Jahre auch von der katholischen Kirche mitgetragen, die in der Stadt längst die Bevölkerungsmehrheit stellt.

Von den konfessionellen Besonderheiten, die das gesellschaftliche Leben der Gegenwart mit den Jahren der Reformation verknüpfen, seien noch zwei genannt. Einmal die katholisch-evangelischen Doppelkirchen St. Ulrich und Heilig Kreuz, eigenartige architektonische Ensembles, bei denen die großen Klosterkirchen katholisch blieben und die benachbarten Gemeindekirchen evangelisch wurden, und zum anderen die Aufnahmevoraussetzungen zur Fuggerei, der ältesten Sozialsiedlung Deutschlands. Nach Verfügung der Fugger als Stifter kann dort nur wohnen, wer aus Augsburg stammt, unverschuldet in Not geraten ist und jeden Tag ein „Ave Maria" für den Stifter betet. Protestanten müssen also bis heute draußen bleiben.

Zuletzt blickte die Welt vor sechs Jahren in die Schwabenmetropole, und auch daran erinnert eine Gedenktafel, diesmal an der St. Anna-Kirche: Als nämlich Vertreter des Lutherischen Weltbundes und des Päpstlichen Rates zur Förderung der Einheit der Christen die „Gemeinsame Erklärung zur Rechtfertigungslehre" unterzeichneten, in der wechselseitige Lehrverurteilungen des 16. Jahrhunderts zurückgenommen wurden. Ob auch dieses Ereignis tatsächlich als epochal in die Geschichte eingehen wird, muss sich freilich erst noch weisen.

Thomas Greif

Literaturtipps

Carl A. Hoffmann u.a. (Hg.): Als Friede möglich war. 450 Jahre Augsburger Religionsfrieden. Katalog zur Ausstellung. Augsburg 2005

Andrea Bartl, Bernd Wißner: Luther und Augsburg. Im Brennpunkt der Reformation. Augsburg 2005

Josef Kirmeier u.a. (Hg.): ...wider Last und Sünde. Augsburgs Weg in die Reformation. Katalog zur Ausstellung. Augsburg/Köln 1997

Augsburg, Prag, Auhausen

Warum ein schwäbisches Klosterdorf einen Platz in der „Enzyclopaedia Britannica" hat

Die einstige Klosterkirche abseits der Verkehrswege, vergessen zwischen Wiesen und Scheunen gelegen, der Ortsname in vielen Büchern falsch geschrieben: Auhausen an der Wörnitz ist die wahrscheinlich am meisten unterschätzte Stätte protestantischer Geschichte in Bayern.

Dabei wurde hier deutsche, ja, europäische Geschichte geschrieben, als nämlich im Mai 1608 in Auhausen (und weder in Ahausen noch in Anhausen) führende Vertreter der protestantischen Fürstenhäuser zusammenkamen, um ein Verteidigungsbündnis gegen die machtvoll aufstrebende katholische Gegenreformation zu schmieden: die „Protestantische Union", der entscheidende Markstein reformatorischer Geschichte zwischen Augsburger Religionsfrieden und Prager Fenstersturz, der Auhausen bis heute – unter anderem – eine Erwähnung in der „Encyclopaedia Britannica" beschert. Auch die „Unionstraße" im Zentrum von Berlin verdankt ihren Namen dem schwäbischen Dorf.

Die einzige überlieferte Ansicht der einstmals überaus stattlichen Klostergebäude von Auhausen findet sich auf der Predella des Hochaltars von Hans Schäufelein.
Im Konventsgebäude (rechts) fanden die Verhandlungen über die „Protestantische Union" statt

Das Torhaus und die gewaltige doppeltürmige Kirche lassen bis heute die Pracht des einstigen Klosters Auhausen erahnen

Dabei war doch Auhausens große Zeit zu Beginn des 17. Jahrhunderts längst vorbei: Das seit 1138 bezeugte Benediktinerkloster war der Reformation zum Opfer gefallen und zum markgräflichen Klosterverwaltungsamt herabgesunken. Umso größere Augen werden die Rieser Bauern gemacht haben, als Anfang Mai 1608 fremdes, hochherrschaftliches Volk, Soldaten, Kanzleischreiber, Geistliche, Diener und Handwerker im Dorf erschien, um die damals noch reich vorhandenen einstigen Klostergebäude zu beziehen und für die bevorstehende Ankunft noch höherer Herrschaften vorzubereiten.

Die beschauliche Stille des gewesenen Klosters war dem geschäftigen Treiben eines gut bewachten Gipfeltreffens gewichen, als am Morgen des 12. Mai 1608 im Konventsaal Christian von Anhalt-Bernburg die Tagung eröffnete, kurpfälzischer Statthalter in der Oberpfalz, Leiter der kurpfälzischen Politik und überhaupt der in jenen Jahren umtriebigste Kopf unter den protestantischen Reichsfürsten.

Die Teilnehmerliste liest sich wie das „who is who" des süddeutschen Protestantismus: Als Gastgeber war der Ansbacher Markgraf Joachim Ernst zugegen, mit ihm sein Bruder Christian, Markgraf von Brandenburg-Bayreuth; Markgraf Georg Friedrich von Baden war ebenso persönlich anwesend wie der württembergische Herzog Johann Friedrich. Aus dem nahen Pfalz-Neuburg war Herzogsohn Wolfgang Wilhelm erschienen.

Zehn Stunden täglich verhandelten die Fürsten höchstselbst, um am 16. Mai vor Ort das letzte von mehreren Abkommen zu unterzeichnen – eine Leistung, die eingedenk der noch heute üblichen Langwierigkeit diplomatischer Händel nicht anders als herkulisch genannt werden kann. „Die Eintracht und Nachgiebigkeit unter den Fürsten war eine ungewöhnliche; man vermochte fast alle Fragen, über die man so viele Jahre gestritten hatte, im Lauf von fünf Tagen zu erledigen", schrieb der Historiker Moriz Ritter 1873 in seinem bis heute gültigen Standardwerk über die „Geschichte der deutschen Union".

Zum ersten Mal seit dem Schmalkaldener Bund hatten sich die deutschen Protestanten zu einem Bündnis zusammengefunden, das von einer großräumigen politischen Strategie getragen war. Seit dem Augsburger Religionsfrieden war das Verhältnis zwischen den Konfessionen abgekühlt: Vom „Kölner Krieg" von 1583 bis zur Besetzung der Stadt Donauwörth durch den Baiernherzog Maximilian 1607 tat sich ein Konfliktherd nach dem anderen auf. Die Spannungen entluden sich, vorerst noch auf diplomatischer Ebene, auf dem Regensburger Reichstag, den die protestantischen Reichsstände am 27. April 1608 unter Protest verließen, weil sich die katholische Seite gegen eine Neubestätigung des Religionsfriedens gewehrt hatte.

Schon drei Wochen später war das Bündnis geschmiedet, dem sich später noch eine Reihe weiterer evangelischer Reichsstände anschloss, darunter Graf Ludwig von Oettingen und die Reichsstadt Nürnberg. Die Unterzeichner versprachen sich gegenseitigen militärischen Schutz im Falle von Übergriffen Dritter (wie im Falle von Donauwörth geschehen); die Union war als reines Defensivbündnis angelegt. Die Mitglieder trafen sich in den Folgejahren einige Male zu diplomatischen Tagungen, unter anderem in Rothen-

Adressen

Arbeitsgemeinschaft Ferienland Donau-Ries, Pflegstr. 2, 86609 Donauwörth, Tel. (0906) 74-211, E-Mail ferienland@lra-donau-ries.de, Internet www.ferienland.donau-ries.de

Ev.-Luth. Kirchengemeinde Auhausen, Klosterhof 4, 86736 Auhausen, Tel. (09832) 7630.

An die Unionsgründung von 1608 erinnert nur ein naives Fresko im Flur der Gemeindekanzlei (rechts)

Christian von Anhalt-Bernburg (1568–1630) schmiedete im Auftrag des pfälzischen Kurfürsten die Union von Auhausen

burg ob der Tauber und in Schwäbisch Hall. Die katholische Seite antwortete 1609 mit der Gründung der „Liga". Die militärische Ausgangslage für den Dreißigjährigen Krieg war eingenommen. Der hatte kaum begonnen, als sich die Union wieder auflöste – die Interessen der protestantischen Reichsstände hatten sich als zu vielfältig erwiesen. Zum wichtigsten Fürsprecher der evangelischen Sache wurde nicht das eigens dafür geschmiedete Bündnis, sondern der Schwedenkönig Gustav II. Adolf.

Von Auhausen redete da schon lang niemand mehr. 1680 brannten Teile des ehemaligen Klosters ab; ab 1818 besorgten die Grafen von Oettingen-Spielberg, seit kurzem Besitzer, den Abbruch der restlichen Gebäude. Wer sich heute bei einem Umgang um die Kirche die unterschiedlichsten Blickwinkel auf die Giebellandschaft des Klosterdorfes gönnt, wer schließlich die dreischiffige romanische Basilika mit ihren beiden mächtigen Westtürmen betritt, vermeint noch heute den Atem des Mittelalters zu spüren: „Da ist was geblieben von dem Besonderen", freut sich Pfarrer Matthias Knoch. Das „Halleluja", das er anstimmt, kommt aus dem Gewölbe als erhebender benediktinischer Mönchsgesang zurück.

Der gotische Hochchor mit dem Altar des berühmten Meisters Hans Schäufelein gibt einen Hinweis auf die Blütezeit unter dem letzten Abt Georg Truchseß von Wetzhausen. Eine kurze Blüte allerdings, die im Bauernkrieg von 1525 ihr jähes Ende fand. Von den Zerstörungen – die abgeschlagenen Nasen im Chorgestühl sind bis heute zu sehen – hat sich die Abtei nie mehr erholt.

An die „Union von Auhausen", die das Dorf am Rande des Ries für einen kurzen Moment in die Mitte der europäischen Politik katapultierte, erinnert heute nur ein schlichtes Fresko im Flur der Gemeindekanzlei. Thomas Greif

Literaturtipps

Klaus Sturm: Geschichte des Klosters Auhausen an der Wörnitz. Eichstätt 1970

Moriz Ritter: Die Gründung der Union 1598-1608. München 1870

Die Reise nach Jerusalem

Von einer missglückten Wallfahrt brachten zwei Pappenheimer die Schweizer Reformation ins Allgäu

Wer in Franken und Schwaben in der Reformationszeit evangelisch wurde, hielt sich fast durchwegs an Martin Luther. Im Allgäu jedoch verließ Reichsmarschall Philipp von Pappenheim die allgemeine konfessionelle Linie und schrieb seinen Erben den reformierten Protestantismus ins Testament. Bad Grönenbach und Herbishofen sind die ältesten reformierten Gemeinden in Bayern – und sie sind ihrem Glauben bis heute treu geblieben.

Während in der wenige Kilometer nördlich gelegenen Reichsstadt Memmingen schon ab 1524 ein heißer konfessioneller Kampf entbrannte, darf man sich für die ersten Jahre nach der Reformation in Grönenbach und Herbishofen getrost noch dörfliche Religionsruhe vorstellen. Spannend wird es 1558: Da stirbt der alte Graf Wolfgang von Pappenheim. Seine Söhne Alexander, Christoph, Philipp und Wolfgang teilen seine Ländereien untereinander auf.

Bad Grönenbach darf sich heute „Kneippkurort" und „Kneippheilbad" nennen

Die reformierte Kirche in Bad Grönenbach hat rund 1500 Gemeindemitglieder, im benachbarten Herbishofen sind es rund 600

Die drei jüngeren begeben sich auf eine Pilgerfahrt ins Heilige Land. Für Christoph und Philipp ist die Reise allerdings – aus ungeklärten Gründen – schon in Venedig zu Ende. Auf ihrem Rückweg wählen sie die Route über die Schweiz. Die folgenschwere Begegnung ereignet sich in Genf: Dort treffen sie auf Johannes Calvin, neben Huldrych Zwingli der zweite bedeutende Reformator der Schweiz, und lernen dessen reformierte Kirche kennen. Philipp und Christoph sind tief beeindruckt. Während eines längeren, krankheitsbedingten Aufenthalts in Basel entschließen sie sich, zum reformierten Glauben überzutreten.

Damit sind die Weichen für die Untertanen des Grönenbacher Schlosses gestellt. Während die Memminger Nachbarn sich längst auf das Luthertum verständigt haben, führen Philipp und Christoph von Pappenheim 1559 in ihrem Ländchen die Reformation Schweizer Prägung ein – was nach den Bestimmungen des Augsburger Religionsfriedens eigentlich gar nicht erlaubt war.

Unter Philipps Regentschaft festigte sich der neue Glaube. Aber auch seine Nachfolger im Grönenbacher Schloss sollten den reformierten Glauben erhalten. Deshalb notierte er 1613 in seinem Testament: „Als ist mein letzter Wille und höchster Bevelch, daß meine Erben und alle ihre Nachkommen zu allen und ewigen Zeiten schuldig sein sollen, die christlich reformierte, mit dem reinen, unverfälschten Wort Gottes übereinstimmende Religion zu Grönenbach, Herbishofen und am Theinselberg weniger nit als bisher von mir beschehen, zu unterhalten und fortzupflanzen."

Natürlich haben sich nicht alle daran gehalten. Graf Wolf Philipp von Pappenheim zum Beispiel kehrte nach dem Dreißigjährigen Krieg in den Schoß der katholischen Kirche zurück und machte Anstalten, die von seinem Urahn verlangte Religionsfreiheit für die Reformierten über Bord zu werfen. In ihrer Not brachten die beiden Dorfpfarrer 1656 eine Kopie des Testaments in Zürich in Sicherheit. Der Graf konnte toben und drohen, es half ihm nichts – nur mit der Genehmigung, zwei beglaubigte Abschriften des Dokuments anfertigen zu dürfen, ließen sich die Pfarrer dazu bewegen, das Testament wieder ins Allgäu zurückzubringen.

Fünfzig Jahre später konnte allerdings nur noch eine handfeste preußische Erpressung die Reformierten im Allgäu retten. Nachdem die Pappenheimer 1692 alle Ländereien an den Fürstabt von Kempten verkauft hatten, machte sich dieser daran, die Reformierten durch Gütertausch und Umsiedelung aus ihren Ortschaften zu verdrängen. Eine Bittschrift rief den Preußenkönig Friedrich I. auf den Plan, der für die Mätzchen des Fürstabts nichts übrig hatte. Er ließ dem Kemptener 1706 ausrichten, dass er sich sämtliche Benediktinerklöster Preußens einverleiben wolle, wenn der Abt nicht binnen dreier Monate alle Enteignungen rückgängig machen würde. Danach hatten die Grönenbacher Ruhe.

Da die reformierten Landgemeinden inmitten von Lutheranern und Katholiken recht isoliert dastanden, hielt sich über zweihundert Jahre eine enge Verbindung zu den Zürcher Glaubensbrüdern. Die Schweizer schickten und bezahlten sogar bis 1797 die beiden Pfarrer von Grönenbach und Herbishofen. Noch heute haben die Allgäuer – als einzige reformierte Gemeinde in Deutschland – das Schweizer Gesangbuch im Gebrauch.

Adressen

Kurverwaltung
Bad Groenenbach,
Marktplatz 5,
87730 Bad Groenenbach,
Tel. (08334) 605-31,
E-Mail kurverwaltung@bad-groenenbach.de,
Internet www.bad-groenenbach.de

Ev.-Reformierte Gemeinde
Bad Grönenbach,
Marktplatz 10,
Tel.: (08334) 271,
E-Mail: ev.kirche.groenenbach@freenet.de,
Internet www.evang-ref-mm.de/Bad-Groenenbach

Ev.-Reformierte Gemeinde
Herbishofen,
Herbishofen 22, 87760 Lachen-Herbishofen,
Tel.: (08331) 87507,
Internet: www.evang-ref-mm.de/Herbishofen

Außen spätgotisch, innen reformiert: die evangelische Kirche auf dem Theinselberg bei Herbishofen im Allgäu ist eine konfessionelle Besonderheit in Südbayern

Die Zürcher Reformierten schickten ihren Allgäuer Glaubensbrüdern regelmäßig Prediger aus der Schweiz: Johann Ludwig Nüscheler (links) und Wilhelm Schinz (rechts) waren im 18. Jahrhundert Pfarrer in Grönenbach und Herbishofen

Bad Grönenbach und Herbishofen sind die ältesten von den insgesamt 14 Gemeinden der „Evangelisch-Reformierten Kirche in Bayern", zu der gerade mal 13.000 Christen gehören. Weil die "ErKiB" so klein ist, ist sie auf „grenzüberschreitende" Zusammenarbeit angewiesen. Zur ErKiB gehören auch die Gemeinden Leipzig, Chemnitz, Hanau und Stuttgart, als Ganzes bildet sie mit der reformierten Kirchen in Nordwestdeutschland im 11. Kirchenbezirk eine Einheit – der Amtssitz ist Leer, Ostfriesland.

Aber nicht nur im lutherischen Deutschland sind die Reformierten in der Minderheit. Auch die Allgäuer Nachfahren von Graf von Pappenheim leben mittlerweile in der Diaspora. Bad Grönenbach ist heute zu zwei Dritteln katholisch, Herbishofen zur Hälfte. „Die Ökumene ist für uns deshalb umso wichtiger", sagt Pfarrer Joachim Metten, „sonst ist man sehr isoliert und fast bedeutungslos".

An ihren Exotenstatus haben er und sein Kollege Hermann Brill sich längst gewöhnt. Geduldig erklären sie jedem, was die reformierten von den lutherischen Protestanten unterscheidet: keine leibliche, sondern eine geistige Präsenz Christi beim Abendmahl, strenge Einhaltung des Bilderverbots in den Kirchen, presbyteriale Gemeindeordnung, das heißt, dass die gesamte Gemeinde über wichtige Entscheidungen und auch die Wahl des Pfarrers bestimmt, und eine starke Konzentration auf das Wort in einer schlichten Gottesdienstliturgie. Der Grundsatz, dass eine Predigt über alles gehen darf, aber nicht über 15 Minuten, gilt bei den Reformierten nicht. „Unsere Gemeindemitglieder erwarten im Gottesdienst, aber auch bei Kasualien eine handfeste Bibelauslegung", sagt Joachim Metten. 25 Minuten sind für eine Predigt keine Seltenheit. Die Kontakte zur lutherischen Kirche sind unkompliziert und pragmatisch. Nach dem parochialen System gehören Lutheraner in Grönenbach und Herbishofen automatisch zur reformierten Gemeinde, während Reformierte anderswo Mitglieder der lutherischen Ortsgemeinden sind.

Die Züricher Ratsbehörde hat 1656 einmal über ihre Allgäuer Schützlinge geschrieben: „Diese Kirchen sind umgeben auf viele meilenwegs von Papisten und Lutheranern, die alle denselben mißgünstig sind".

Das ist längst Geschichte.

Susanne Petersen

Literaturtipps

Karl Eduard Haas: Die Evangelisch-Reformierte Kirche in Bayern. Neustadt/Aisch 1982

Andreas Wachter: Geschichte der Reformierten in Bayern von ihren Anfängen bis in die Gegenwart. Nürnberg 1994

Von der Reichsstadt zum Thermalbad

Bad Windsheim gehörte 1529 zu den Protestanten der ersten Stunde im Reich

Von der stolzen Freien Reichsstadt Windsheim ist nicht Substanz viel geblieben. In den letzten hundert Jahren hat sich die fränkische Stadt an der Aisch mit ihren Thermal- und Mineralquellen dafür rasant zum modernen Heilbad entwickelt.

Nur das Rathaus, ein prachtvoller Barockbau von 1717, vornehm wie ein Schloss, zeugt noch von der einstigen Bedeutung des Ortes. Aber Stadtmauer, Türme und Stadttore sind verschwunden. Der Stadtführer nennt nur einige vornehme Bürgerhäuser und natürlich die Kirchen, vor allem St. Kilian, als Zeugen der bedeutsamen Geschichte.

Heute präsentiert sich Windsheim als Kurort, der Gesundheit und Wellness für jedermann verspricht. Es war ein Glücksfall, dass nach Abbruch der

Von 1576 stammt diese Stadtansicht von Georg Wechter. Windsheim erscheint als Idealbild einer Stadt: turm- und mauerbewehrt, eher einer Burg denn einer Siedlung gleich

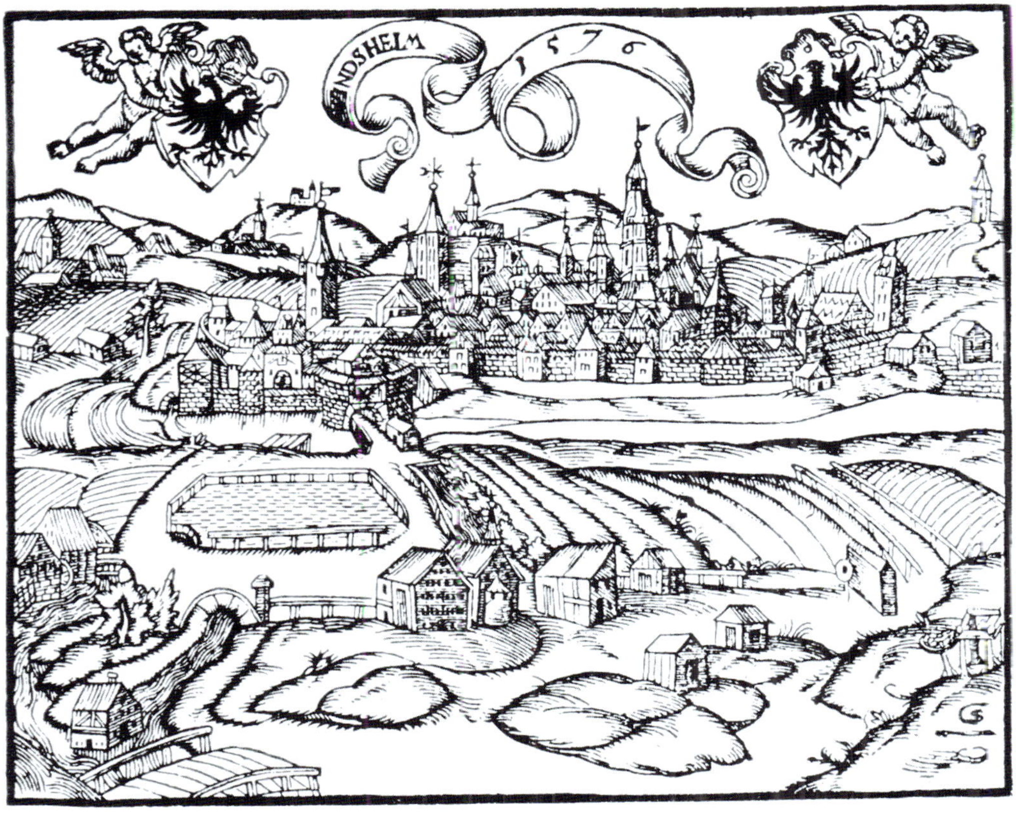

Die Spitalkirche beherbergt inzwischen ein evangelisches Kirchenmuseum

reichsstädtischen Tradition zu Beginn des 20. Jahrhunderts die St. Anna-Quelle mit Thermalwasser und Sole entdeckt wurde. Schon 1906 entstand ein erstes Kurhaus. Seit 1961 darf sich Windsheim offiziell "Bad" nennen. Der ausgedehnte Kurpark, große Reha-Kliniken, das moderne Kur- und Kongresszentrum ziehen Kunden an. Und mit einer neuen Thermal-Badeanlage, die jüngste Attraktion für die Kurgäste, will die Stadt den „modernen Ansprüchen nach Gesundheit und Wohlbefinden voll gerecht werden", wie es in den Werbeschriften verheißen wird.

Bekannt ist Bad Windsheim aber auch durch sein Fränkisches Freilandmuseum, das jährlich 200000 Besucher anlockt. Mit über 80 Gebäuden, alten Bauernhäusern, Scheunen, Wirtschaften wird gezeigt, wie der Alltag der ländlichen Bevölkerung vom Spätmittelalter bis in die jüngere Vergangenheit aussah.

Es lohnt sich aber auch, sich mit der Reformationsgeschichte in der ehemaligen Freien Reichsstadt zu beschäftigen. Als eine von Wohlstand und Wachstum gekennzeichnete Stadt wird Windsheim im Spätmittelalter geschildert. Doch die kirchenpolitische Lage war zwiespältig: Nach außen glanzvoll, nach innen vom Verfall bedroht. Die Stadtkirche St. Kilian erlebt ihre große Bauphase, die Stadt ist Zentrum eines ausgedehnten Kirchenkapitels mit 74 Pfarreien und 108 Priestern. Doch päpstliche Herrschaftsansprüche, Pfründeverwahrlosung, Korruption im Klerus wecken den Unwillen des Städtischen Rates, der sich früh für die Ideen der Reformation öffnet.

Der Rat versucht, das Kirchenrecht in die eigenen Hände zu nehmen und beruft 1521 den evangelischen Pfarrer Thomas Appel als Vesperprediger. Der brillante Prediger hat großen Publikumserfolg, aber es gibt auch erhebliche Auseinandersetzungen. Sogar von „Handgreiflichkeiten" berichtet die Chronik. Als der Rat ihn 1525 wieder absetzt, entsteht unter der Bevölkerung ein Aufruhr, der nur mit Nürnberger Hilfe und durch Entlassung von zehn Stadträten beigelegt werden konnte.

Die Windsheimer Bürger dachten zu dieser Zeit schon überwiegend protestantisch. Und als der Bauernkrieg die Stadt erreichte, sympathisierten viele mit den aufständischen Bauern. Doch das hatte schlimme Folgen: Auf kaiserliche Anordnung wurde 1525 eine drakonische Bestrafung der Aufrührer auf dem Windsbacher Markplatz vollzogen mit Auspeitschung, Verstümmelung und Hinrichtung.

Jedoch die reformatorische Entwicklung ließ sich nicht aufhalten. Neuer Pfarrer wurde Andreas Altenstetter. Katholische Gedenktage und Seelenmessen wurden abgeschafft, die „Kirchenzucht" fortan evangelisch geregelt. Beim Reichstag zu Speyer 1529 unterschrieb Windsheim mit anderen Freien Reichsstädten die „Protestation". Doch nur „unter Druck" setzte man nachträglich seine Unterschrift auch unter die beim Reichstag zu Augsburg 1530 verlesene Confessio. Fortan musste Windsheim politisch zwischen der Partei der Evangelischen, der sie angehörte, und dem katholischen Habsburgerkaiser, dem sie als Reichsstadt verpflichtet war, vorsichtig lavieren.

Stadtarchivar Michael Schlosser hütet sorgsam zwei besondere Dokumente der Reformationszeit: Eine Bibel in der Übersetzung Luthers, die in Wittenberg gedruckt wurde und ein Porträt sowie eine handschriftliche Widmung des Reformators an den Markgrafenkanzler Georg Vogler enthält, der zeitweilig in Windsheim wohnte. Ausserdem das bekannte Konfessionsgemälde von Andreas Herneisen 1601, das die Bedeutung der Predigt, des Predigtamtes, der Taufe und der Katechismusunterweisung darstellt.

Beide Stücke gehören zu den Pretiosen des Museums „Kirche in

Adressen

Kur-, Kongress- und Touristik-GmbH, Erkenbrecht-Allee 2, 91438 Bad Windsheim, Tel. (09841) 4024-0, E-Mail tourismus@bad-windsheim.de, Internet www.tourismus.bad-windsheim.de

Fränkisches Freilandmuseum mit Museum „Kirche in Franken", Eisweiherweg 1, Tel. (09841) 66300, E-Mail info@freilandmuseum.de, Internet www.freilandmuseum.de

Ev.-Luth. Pfarramt St. Kilian, Dr.-Martin-Luther-Platz 3, Tel. (09841) 2118, E-Mail pfarramtbad-windsheim@t-online.de, Internet www.bad-windsheim-evangelisch.de

Markanter Mittelpunkt kirchlichen Lebens: die Stadtkirche St. Kilian

Diese Bibel von 1532 mit Porträt und persönlicher Widmung Luthers wird als besondere Kostbarkeit im Stadtarchiv verwahrt.

Franken", das im Sommer 2006 in der Spitalkirche eröffnet wurde. Das spätmittelalterliche Gotteshaus war seit 1970 nicht mehr genutzt worden. Viele Jahre hat der frühere Bad Windsheimer Dekan Karl-Hermann Künzel darum gekämpft, das 1415 erbaute Gotteshaus zu sanieren und als Kirchenmuseum umzuwidmen. Und tatsächlich gelang es, unter Federführung des Freilandmuseums eine Kooperation mit Stadt, Landkreis und Bezirk für das neue Kirchenmuseum zustande zu bringen.

Noch immer ist Bad Windsheim eine überwiegend evangelisch geprägte Stadt. Mit 6300 Mitgliedern stellt die evangelische Kiliansgemeinde rund zwei Drittel der Bevölkerung. Das ökumenische Verhältnis ist gut, bestätigt Dekanin Gisela Bornowski. Aber vorsichtiger sind die katholischen Kollegen wohl geworden, um höheren Orts nicht anzuecken. Konfessionelle Grenzen verwischen sich, ist die Beobachtung der Theologin. Und neue Wege müssen gesucht werden, damit auch die jüngere Generation einen Zugang zur Kirche findet.

Familien werden zu gelegentlichen modernen Gottesdiensten mit Band, Sketchen, Pantomime und Kinderprogramm ins Lutherhaus eingeladen. Und neue Taize-Gottesdienste gibt´s in der Kirche St. Maria am See, deren Besuch immer lohnt: Hier ist eine Kopie von Tilman Riemenschneiders Zwölf-Boten-Altar zu bewundern, der einstmals in der Stadtkirche St. Kilian stand.

Helmut Winter

Literaturtipps

Rainer Müller (Hg.): Reichsstädte in Franken. Katalog zur Landesausstellung. München 1987

Alfred Estermann: Bad Windsheim. Geschichte und Gegenwart einer fränkischen Stadt. Bad Windsheim 1989

Delp Verlag (Hg.): Bad Windsheim – Heilbad im Herzen Frankens. Ein Stadtführer. Bad Windsheim 1975

Die Hofkirche wechselte die Konfession

In Bayreuth hat das Markenzeichen „protestantisch" viele Facetten

Ein „doppelgesichtiges Städtchen" – dieses Prädikat hat der Tübinger Rhetorikprofessor Walter Jens der Stadt verliehen. Für Bayerns Protestanten ist Bayreuth so etwas wie eine „halbe" Hauptstadt.

Richtige Hauptstädte stellt man sich anders vor. Pulsierender, bunter, anstrengender, schnellebiger. Irgendwer hat irgendwann trotzdem auch für Bayreuth den schönen Titel „heimliche Hauptstadt des bayerischen Protestantismus" erfunden. Und mit dem Markenzeichen „protestantisch" lässt sich die Stadt aus vielerlei Blickwinkeln charakterisieren.

„Protestantisch" – das sind für Kunsthistoriker die sandsteinernen Fassaden der Stadthäuser, Schlösser und Kirchen, für Heimatkundler ist es die fränkisch-bedächtige Lebensart der Bürger, für Geschichtsschreiber ist es die preußisch-bürokratische Verwaltung. Als das junge Königreich Bayern nach Strukturen für seine protestantische Staatskirche suchte, wurde es hier fündig. In markgräflich-lutherischer Tradition verbunden, wurden die ehemaligen Residenzen und Beamtenstädte Ansbach und Bayreuth 1818 zum

Die letzte Bayreuther Tagung der Generalsynode fand 1913 statt: Schulbuben standen regelmäßig Spalier, wenn die Honoratioren vom Gottesdienst in der Stadtkirche zu ihrer Konferenzstätte zogen

Das Alte Schloss im Bayreuther Stadtzentrum; im Hintergrund der Turm der Schlosskirche, in der Markgräfin Wilhelmine bestattet ist

Sitz der beiden Konsistorien erkoren: zwei straff organisierte Verwaltungsbehörden, die sich als Abteilungen des „Oberkonsistoriums" unter Aufsicht des Innenministeriums um das überwiegend evangelische Franken zu kümmern hatten.

Tatsächlich also hatten die Bayern zwei „protestantische Hauptstädte", in denen die kirchlichen Verfassungsorgane, Konsistorien wie Synoden, anfangs noch getrennt marschierten. Erst ab 1849 tagten die Generalsynoden gemeinsam. Der Wechsel zwischen Ansbach und Bayreuth blieb bis in die 1970er-Jahre eine feste Tradition. Einer der wichtigsten Marksteine in der Geschichte der Synodenstadt Bayreuth war die Wahl des ersten bayerischen Landesbischofs Hans Meiser (1881-1956): Im Mai 1933, wenige Monate nach der Machtübernahme Hitlers in Berlin, praktizierten die Bayern damit „auf durchaus legale Weise das Führerprinzip" – was sich nach dem Urteil des Kirchenhistorikers Claus-Jürgen Roepke letztlich sogar als Hilfe in der Zeit des Kirchenkampfes erweisen sollte.

Dass diese historische Wahl eines bekenntnisbewussten Kirchenmannes ausgerechnet in einer der Lieblingsstädte Adolf Hitlers stattfand, gehört zu den pikanten Zufällen der Geschichte: Der „Führer" und leidenschaftliche Wagnerianer war bekanntlich bis zum Beginn des Zweiten Weltkriegs nicht nur regelmäßiger und hofierter Gast bei den Bayreuther Festspielen, sondern pflegte auch lebenslang eine überaus enge Verbundenheit zur Wagner-Familie.

Religiöse Toleranz – unter den Nationalsozialisten ein Fremdwort – gelang den Bayreuther Fürsten in den Jahrhunderten zuvor erst nach langer Anlaufzeit. Bereits zu Luthers Lebzeiten wurden die regierenden brandenburgischen Markgrafen überzeugte Anhänger der Reformation. Von 1528 an waren katholische Gottesdienste im Markgraftum verboten: Erst 200 Jahre später durften sich die Katholiken ein „Oratorium“ einrichten. Etwa zur gleichen Zeit konnten sich dank der aufgeklärten Liberalität des Markgrafen Friedrich, wieder Juden in Bayreuth ansiedeln – ihre Synagoge in unmittelbarer Nachbarschaft des berühmten Markgräflichen Opernhauses besteht bis heute.

Bereits Ende des 17. Jahrhunderts hatten hier viele hugenottische Flüchtlinge eine neue Heimat gefunden. Diese „französische“ Gemeinde erlebte durch die für Bayreuths Geschichte wohl wichtigste Fürstenhochzeit 1731 einen unverhofften Aufschwung: Die neue Markgräfin und Gattin Friedrichs, Prinzessin Wilhelmine von Preußen, war selbst reformiert und brachte außerdem »viele Glaubensgenossen aus Berlin mit«, wie es in der Chronik der Bayreuther reformierten Gemeinde heißt. Neben den lutherischen Stadtpfarrern gab es nun einen refomierten Pfarrer in Amt und Würden eines Hofpredigers.

Die einzige Tochter des fürstlichen Paares, Elisabeth Friederike Sophie, wurde freilich vom lutherischen Hofprediger German August Ellrod konfirmiert: Das Patenkind von Preußenkönig Friedrich II. ging am Palmsonntag 1748 in der Bayreuther Stadtkirche in einem öffentlichen Gottesdienst erstmals zum Abendmahl. Es wird heute vermutet, dass die damals 15-jährige Prinzessin die erste Konfirmandin in Bayern gewesen sein könnte – in den geltenden Kirchenordnungen war damals eine „confirmatio“ noch nicht festgeschrieben.

Noch zwei bemerkenswerte Ereignisse der Bayreuther Kirchengeschichte sind mit den Namen von Friedrich und Wilhelmine verbunden, die vor allem

Adressen

Tourist-Information Bayreuth, Luitpoldplatz 9, 95444 Bayreuth, Tel. (0921) 88588, E-Mail info@bayreuth-tourismus.de, Internet www.bayreuth.tourismus.de

Historisches Museum, Kirchplatz 6, Tel. (0921) 764010, E-Mail historischesmuseum@bayreuth.de, Internet www.bayreuth.de.
ÖZ Di bis So 10 bis 17 Uhr, Juli/August täglich 10 bis 17 Uhr.

Ev.-Luth. Pfarramt Stadtkirche, Kanzleistraße 11, Tel. (0921) 596-800, E-Mail pfarramt@stadtkirche-bayreuth.de, Internet www.stadtkirche-bayreuth.de oder www.bayreuth-evangelisch.de

Bürgerlich-asketische Strenge: Straßen wie die Bayreuther Friedrichstraße gelten als typisch protestantische Architektur

Möglicherweise Bayerns erste Konfirmandin: Prinzessin Elisabeth Friederike Sophie

mit ihren Prestigebauten – dem Opernhaus, der Eremitage oder dem Felsengarten Sanspareil bei Hollfeld – Akzente setzten. Nachdem das alte Stadtschloss 1753 samt der Hofkirche bei einem Brand in Schutt und Asche gelegt worden war, wurde das neue Schloss auf den Grundmauern anderer Häuser in der Stadt errichtet – darunter war auch die noch im Bau befindliche neue Kirche der reformierten Gemeinde.

Teile der Fassade bilden heute zwischen der Stadthalle und dem so genannten Storchenhaus ein Tor zum Hofgarten. Am Rande bemerkt: In einem Seitenflügel des Neuen Schlosses residierte im vorigen Jahrhundert bis 1937 auch der evangelische Bayreuther Kreisdekan, bis ihm ein eigenes Dienstgebäude errichtet wurde.

Seine letzte Ruhestätte fand das Markgrafenpaar in der Fürstengruft der wieder errichteten Schlosskirche, wo im Jahr 1780, nach einer unglücklichen Ehe mit dem Herzog von Württemberg, auch die Tochter Elisabeth Friederike Sophie beigesetzt wurde. 1813 wurde die Kirche vom bayerischen Staat der katholischen Gemeinde Bayreuth als Pfarrkirche übereignet. Laut einer Chronik war damit der „einmalige Fall im Bamberger Diözesangebiet eingetreten, dass eine vorher evangelische Kirche zur katholischen Pfarrkirche geworden war". Die Fürstengruft ist bis heute praktisch unverändert geblieben.

Mit den Markgrafen verschwand der Glanz höfischen Lebens, in dem sich die Menschen zumindest als Bürger einer Art Hauptstadt fühlen konnten. Erst mit Richard Wagner wurde Bayreuth zu dem, was Walter Jens das „doppelgesichtige" Städtchen nannte – eine weltoffene Metropole auf Zeit im Zeichen der Festspiele und eine geschichtsträchtige Kleinstadt in einer liebenswerten Provinz.

Wolfgang Lammel

Literaturtipps

Karl Müssel: Bayreuth in acht Jahrhunderten. Geschichte in der Stadt. Bayreuth 1993

Frank Piontek, Joachim Schultz (Hg.): Bayreuth. Ein literarisches Porträt. Frankfurt/Main 1996

Friedrich Ludwig Müller: Die Markgräfin. Aus dem Leben der preußischen Prinzessin Wilhelmine. Bonn 2003

Fürstliche Glaubenstreue

Im Dekanat Castell lebt bis heute die Tradition der einstigen Grafschaft weiter

Wer heute von Castell spricht, denkt bevorzugt an zwei Dinge: an den Wein oder an die Communität Casteller Ring (CCR) auf dem Schwanberg, deren geistliche Ausstrahlung inzwischen weit über die Grenzen der bayerischen Landeskirche hinaus reicht. Die noch junge Arbeit der CCR ist erwachsen aus den Wurzeln einer jahrhundertelangen evangelischen Tradition.

In den 1950er Jahren erst begannen Christel Schmid und Maria Pfister das klösterliche Leben im Casteller Schlösschen. Die Schwestern sind längst auf den Schwanberg gezogen. Im geschichtsträchtigen Schlösschen lebt Albrecht Fürst zu Castell-Castell mit seiner Frau Marie-Louise als Spross einer Adelsfamilie, die als eine der ältesten noch bestehenden fränkischen Dynastengeschlechter gilt und wie kaum eine andere den Protestantismus in Unterfranken prägte. Denn von allen größeren Territorien, die in Mainfranken im 16. Jahrhundert die neue Lehre annahmen, blieb am Ende, nach zahlreichen dynastischen und kriegerischen Auseinandersetzungen, nur

Im Stil einer Markgrafenkirche errichtete der Würzburger Landbaumeister Joseph Albert 1784/88 die Kirche zu Castell. Außen im Charakter der fränkischen Barockkirchen gestaltet, fällt der Kirchenraum zuerst durch seine Helligkeit und Weite auf. Den Kanzelaltar aus grauweißem Alabaster flankieren die Herrschaftsemporen

Unter dem Dach des Casteller Schlösschens begannen am 15. Februar 1950 Christel Schmid und Maria Pfister das klösterliche Leben der evangelischen Communität Casteller Ring

Castell dem Luthertum treu. Dass in evangelischen Ländern dem Landesherrn seit der Reformation auch kirchenleitende Funktion zufiel, ist hier bis heute besonders hautnah zu erleben. Fürst Albrecht übernahm wie seine Vorfahren Verantwortung in der Kirche und sorgt sich auch jenseits der 80 um ihre Gegenwart und Zukunft.

Bis heute spürt er eine lebendige geistliche Verbindung zu den Gemeinden, in denen er bis 1970 Patronatsrechte wahrnahm. Er wird zu Gemeindefesten und anderen Ereignissen eingeladen, gestaltet Gottesdienste als Prädikant. „Damals habe ich der Abschaffung der Patronate schnell zugestimmt, weil die Gemeinden nicht bei der Besetzung von Pfarrstellen bevormundet werden sollten. Heute würde ich zögern", meint das langjährige Mitglied der Landessynode. Im richtigen Zusammenspiel zwischen Gemeinde, Kirchenleitung und Patron habe sich das Gemeindeleben nicht schlecht entwickelt, wie die anhaltend guten Beziehungen zeigten.

Mit rund 10.000 Seelen hat das kleine Dekanat zwischen Mainschleife und Steigerwald alle kirchlichen Flurbereinigungen unbeschadet überstanden. Das ist sicher nicht zuletzt der Verbindung mit dem Fürstenhaus zu verdanken. Bis heute spüren Besucher eine besondere Prägung und Zusammengehörigkeit der Gemeinden.

Die Grundlage dafür stammt aus der Reformationszeit. Der seinerzeit regierende Herr in der Grafschaft, Graf Heinrich, legte die württembergische Kirchenordnung mit ihrem leicht calvinistischen Einschlag als Grundlage für alle Pfarreien fest. Ursprünglich war der Graf katholischer Domherr im Bamberger und Würzburger Domkapitel und im diplomatischen Dienst des Fürstbischofs Melchior Zobel tätig gewesen, kurzzeitig sogar als Statthalter und Stadtkommandant von Würzburg.

Durch einen mehrjährigen Aufenthalt am württembergischen Herzogshof lernte er die reformatorische Theologie und den Reformator Jakobus Andreae kennen, den Vater der Konkordienformel, einer grundlegenden Bekenntnisschrift. Auf dieses Werk mussten sich von 1581 bis 1709 alle Pfarrer der Grafschaft Castell verpflichten. So wurde mit Andreae eigentümlicherweise ein Mann zum eigentlichen Reformator der Grafschaft, der nie ihren Boden betreten hatte, merkt der Historiker und langjährige Leiter des Staatsarchivs in Würzburg sowie des Fürstlich Castell'schen Archivs, Walter Scherzer, im Casteller Dekanatsbuch von 1991 an.

Die Wirren der Religionskriege gingen auch an der Grafschaft nicht spurlos vorüber. Doch blieb sie letztendlich evangelisch, im Gegensatz zu einigen Angehörigen der Herrschaftsfamilie. So trat Friedrich Magnus, der es in den Kriegen gegen Türken und Franzosen bis zum kaiserlichen Feldmarschall gebracht hatte, zur katholischen Kirche über. Seine zweite Ehefrau Fatme, eine zum Christentum konvertierte Tochter eines türkischen Paschas, verbrachte ihre Witwenjahre nach dem Tod des Gatten 1717 im Kapuzinerinnenstift Markdorf am Bodensee.

Adressen

Kulturpfad »Auf den Spuren der Grafen zu Castell«, c/o Landratsamt Kitzingen, Kaiserstraße 4, 97318 Kitzingen, Tel. (09321) 928-151, E-Mail tourismus@kitzingen.de, Internet: www.Kulturpfad-Grafen-Castell.de

Stadtmuseum Gerolzhofen, Marktplatz 20, 97447 Gerolzhofen, Tel. (09382) 903512, E-Mail info@gerolzhofen.de, Internet www.gerolzhofen.de. ÖZ Mo bis Fr 9 bis 12 und 14 bis 16 Uhr, Sa 10 bis 12 (Mai bis Oktober auch 14 bis 16 Uhr), So 14 bis 16 Uhr.

Ev.-Luth. Dekanat Castell, Kirchplatz 3, 97355 Castell, Tel. (09325) 97970, E-Mail dekanat-castell@web.de, Internet: www.dekanat-castell.de

Wilhelm Preger malte 1870 dieses Aquarell von der ländlichen Idylle des Residenzortes Castell

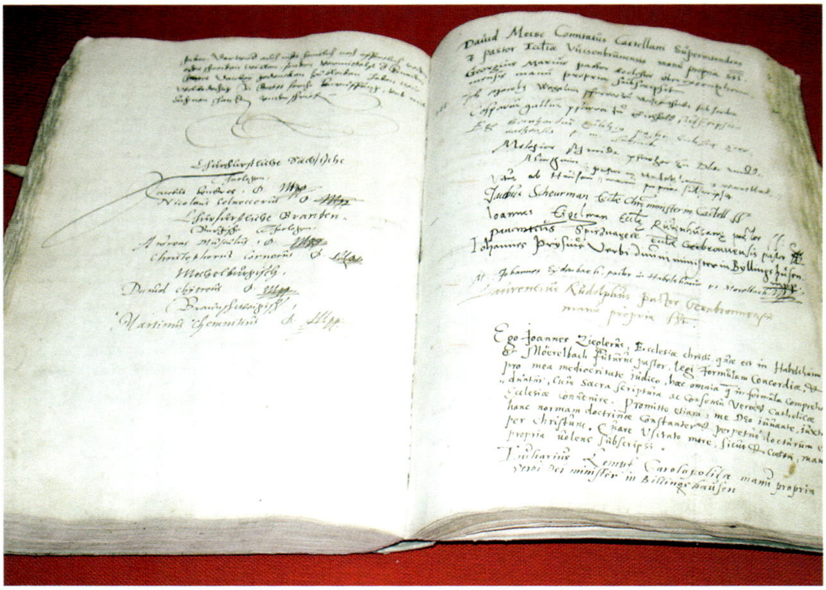

Auf die Abschrift des Konkordienbuchs, einer grundlegenden Bekenntnisschrift des Protestantismus, mussten sich von 1581 bis 1709 alle Pfarrer der Grafschaft Castell mit Unterschrift verpflichten

Der Bruder des Generalfeldmarschalls führte neben dem Bau des neuen Schlosses auch eine kirchliche Neuerung ein. Seit 1704 sind in Castell und Rüdenhausen Konsistorien nachzuweisen, mit denen die kirchliche Verwaltung bürokratisiert wurde. Schriftlichen Niederschlag hat die Aufklärung in kirchlichen Dokumenten gefunden. Im Gesangbuch für die Grafschaft Castell-Remlingen hätten Luthers und Paul Gerhardts Lieder nur nach Umarbeitung im Sinne der Aufklärung Bestand gehabt, vermerkt Scherzer: „Weisheit, Vernunft und Verstand ersetzten Gnade, Vergebung und Liebe."

Als die Grafschaft 1806 Bayern zugeschlagen wurde, wurde aus der Landeskirche ein bayerisches Dekanat, dessen Sitz bis 1967 häufig wechselte und dann endgültig nach Castell verlegt wurde. An der Selbstständigkeit wurde indes nicht gerüttelt. Fürst Albrecht warnt auch als Unternehmer davor, der Größe zu großen Wert beizumessen. Für wichtiger hält er Werte wie Gemeinschaft, Zusammenarbeit, den Austausch von Erfahrungen, Gaben und Kräften, der im kleinen Rahmen leichter möglich sei.

Der Ökumene fühlt er sich nicht nur durch sein noch bestehendes Patronat für die katholische Gemeinde Breitenlohe verpflichtet, das er simultan mit dem Bamberger Erzbischof ausübt. Auch zu seiner Familie gehören inzwischen katholische Schwiegertöchter und -söhne. Die Kinder seines Nachfolgers Graf Ferdinand sind katholisch. Um die Zukunft ist Fürst Albrecht nicht bange, sieht er doch die Kontinuität im Glauben gewährleistet: „Meine Enkel werden von gläubigen Eltern erzogen". Beate Krämer

Literaturtipps

Georg Güntsch (Hg.): Castell – Grafschaft und Dekanat. Erlangen 1991.

Svetozar Sprusansky (Hg.): Castell. Christlicher Glaube in Geschichte und Gegenwart. Katalog zur Ausstellung des Landeskirchlichen Archivs in Castell, Gunzenhausen 1981

Der liberale Geist der Lutherstadt

Wo der Reformator seinen „Sendbrief vom Dolmetschen" schrieb – Coburg und seine Protestanten

In keiner anderen bayerischen Stadt hat sich der Reformator länger aufgehalten: Den Beinamen „Lutherstadt" führt die einstige Residenz Coburg durchaus selbstbewusst. Auf dem Streifzug durch die Geschichte öffnen sich auch reizvolle Seitenwege.

Ob er sich hier wirklich wohl fühlte während dieser 25 Wochen? In Sicherheit gewiss – die meterdicken Mauern der Burg und ein persönlicher Leibwächter hielten mögliche Feinde auf Distanz. Martin Luther klagte während seiner Coburger Zeit oft über Krankheiten und den „Aufruhr im Kopf". Seine Briefe beendete er manchmal mit den Worten „ex eremo" („aus der Wüste") – was vielleicht nicht nur der Tarnung diente, sondern auch einen Blick in seinen Gemütszustand widerspiegelte. Sogar eine Grabstätte hatte sich der Reformator vorsorglich ausgesucht: unter dem Kreuz in der Burgkapelle.

Die kleine Stadt zu Füßen der mächtigen Burg war Luther nicht fremd. Auf seinen Reisen hatte er hier seit 1510 immer wieder Station gemacht. Jetzt,

In Coburgs evangelischer Hauptkirche St. Moriz – charakteristisch sind die beiden ungleichen Türme – predigte Martin Luther im Jahr 1530. Die Kanzel, auf der er stand, wurde bei einem späteren Umbau der Kirche entfernt.
Im Hintergrund: Die Veste Coburg, gerne auch die „Fränkische Krone" genannt

Überlebensgroß: Martin Luther, gemalt von Lucas Cranach d. J. im Jahr 1575. Das Bild ist in der Veste Coburg zu sehen

im Jahr 1530, hatte sich die Reformation hier wie im ganzen Kurfürstentum Sachsen bereits durchgesetzt. Auch im Coburger Land setzten viele Gemeinden ihre bisherigen katholischen Geistlichen kurzerhand ab und holten sich Pfarrer, die evangelisch predigten. Am 15. April 1530, dem Karfreitag, traf Luther im Gefolge des sächsischen Kurfürsten Johann des Beständigen in Coburg, der südlichsten Bastion des Kurfürstentums, ein. Der weitere Weg zum Reichstag in Augsburg, wo die Fürsten über den Glaubensstreit verhandeln wollten, war Luther verwehrt – über ihn waren noch immer der Kirchenbann und die Reichsacht verhängt. Über Ostern predigte er siebenmal in St. Moriz. Der Tross zog ohne Luther nach Augsburg weiter. Der Reichstag endete ohne die erhoffte konfessionelle Einigung; am 4. Oktober reiste Luther, erneut im Gefolge seines Kurfürsten, zurück nach Wittenberg.

In seinem „Exil auf Zeit" hatte sich Martin Luther, getrennt von Freunden und Familie, in die Arbeit gestürzt. Neben einer umfangreichen Korrespondenz, etwa mit seinen Getreuen auf dem Reichstag, setzte er hier seine Bibelübersetzung fort: Die 25 „Coburger Psalmen" entstanden am Schreibtisch in der Steinernen Kemenate der Veste ebenso wie der „Sendbrief vom Dolmetschen" mit der berühmten Ermutigung, dem Volk „auf das Maul zu sehen". Und er beschäftigte sich mit einer Literatur, die strenge Christen bei ihm kaum vermutet hätten: Eine Reihe von Tierfabeln des griechischen Dichters Äsop übertrug er ins Deutsche.

Viele Dokumente jener Zeit haben die Jahrhunderte und Kriege überstanden. In Obhut der Coburger Landesbibliothek sind bis heute rund 700 zeitgenössische Lutherausgaben sowie Lutherbibeln und originale Schriften. Die Autographensammlung der Kunstsammlungen der Veste Coburg und das Staatsarchiv Coburg verfügen über etliche originale Lutherbriefe.

Der hiesige Protestantismus lässt sich nicht in eine theologische Schublade zwängen. Auf ihre eigene Weise haben die Coburger das Leitwort der „ständigen Erneuerung" der Kirche beim Wort genommen und um die „lutherische Freiheit" erweitert. Durch das Herzogtum wehte von je ein christlich-liberaler Geist, neuen Dingen aufgeschlossen und der Obrigkeit gegenüber eher kritisch eingestellt.

Da konnte es auch schon ungestraft vorkommen, dass ein katholischer Priester ein evangelisches Kind taufte, oder dass ein lutherischer Pfarrer die Beerdigung für einen Katholiken hielt. Auf den Punkt bringt es wieder einmal der Volksmund, den Coburgs Dekan Christoph Liebst augenzwinkernd mit dem „Coburger Glaubensbekenntnis" zitiert: „Luther auf der Veste, Gott in der Natur, und Religion ist Privatsache". Ihrem Reformator, meint Liebst, begegneten die Coburger gern „auf Augenhöhe" – was sich nicht in einem überdurchschnittlichen Besuch der Sonntagsgottesdienste äußerte, aber in einer großen volkskirchlichen Stabilität und Treue zur eigenen Gemeinde. Im übrigen Bayern hielt sich lange das unfreundliche Wort vom „heidnischen Land", in dem sich, wie ein Chronist anmerkte, das Kirchenwesen „ungebrochen in der Linie des Rationalismus weiterentwickelt" habe.

Dass der Weg der evangelischen Kirche Coburgs bis in die zwanziger Jahre des vorigen Jahrhunderts etwas anders aussah als anderswo, hängt mit der politischen und geographischen Situation zusammen. Besonders das Herzoghaus Sachsen-Coburg-Gotha verankerte durch eine raffinierte Heiratspolitik die Residenz fest im europäischen Hochadel: Der blaublütige Stammbaum verzweigte sich innerhalb von wenigen Generationen bis in die Königsfamilien einstiger Weltmächte wie Spanien, England oder Russland.

Die machtpolitisch begründete Weltoffenheit der Fürsten fand für Coburg ihr Gegenstück in einer ungewöhnlichen missionarischen Pionierleistung. Ernst Faber, 1839 als Sohn eines Blechschmiedemeisters in Coburg geboren, wurde zu einem der bedeutendsten evangelischen China-Missionare. Sein Brückenschlag zwischen den Kulturen gilt bis heute als wegweisend: Fabers 1884 erstmals erschienenes fünfbändiges Werk „Zivilisation östlich und westlich" erschien 2002 in einer chinesischen Neuauflage. Den umgekehrten Weg schlug 1979 der tansanische Pfarrer Zephania Mgeyekwa: An

Adressen

Tourist & Congress Service Coburg, Herrngasse 4, 96450 Coburg, Tel. (09561) 74180, E-Mail info@coburg-tourist.de, Internet www.coburg-tourist.de

Kunstsammlungen der Veste Coburg, Tel. (09561) 8790, Internet www.kunstsammlungen-coburg.de

Ev.-Luth. Pfarramt St. Moriz, Pfarrgasse 7, Tel. (09561) 871424, E-Mail: pfarramt@morizkirche-coburg.de, Internet www.moriz-kirche-coburg.de

Diese Ansicht von Peter Iselburg zeigt die Stadt Coburg im Jahr 1626

Das Lutherzimmer auf der Coburger Veste. Während seines Aufenthalts schrieb sich der Reformator tröstliche Psalmworte an die Wände

der Coburger St.-Moriz-Kirche übernahm er als erster afrikanischer Theologe eine bayerische Pfarrstelle.

Kulturell orientierten sich die Coburger nach Norden ins Thüringer Land und zu der als liberal bekannten Hausuniversität in Jena. Umso überraschender fiel für viele Beobachter das Ergebnis der Volksabstimmung im Jahr 1920 aus, als sich die Bürger des damaligen Freistaats Coburg nicht für einen Zusammenschluss mit Thüringen entschieden, sondern für den Anschluss an Bayern. Offensichtlich hatte auch die noch selbstständige evangelische Landeskirche des Herzogtums Sachsen-Coburg damit nicht gerechnet. Erst kurz vorher hatte sie sich eine neue Verfassung gegeben, die – ganz im Sinn der Väter der Weimarer Republik – mit dem passiven Wahlrecht die Rechte der Frauen deutlich stärkte. Und bei der ersten Wahl zur neuen Landessynode sorgten die Coburger für eine kleine Sensation: Die erste gewählte Frau wurde gleich Alterspräsidentin.

Während sich die anderen kleinen evangelischen Kirchen 1920 zur Thüringer Landeskirche formierten, suchten die Coburger (übrigens gegen das Votum der Mehrheit in der eigenen Pfarrerschaft) nach dem politischen auch den landeskirchlichen Anschluss an Bayern, der am 1. April 1921 amtlich vollzogen wurde. Die eben erst begonnene Emanzipation war damit nach einem kurzen Intermezzo vorerst ausgebremst: Denn erst Ende der 1950er-Jahre sollten die ersten Frauen in ein bayerisches Kirchenparlament einziehen. Vielleicht war es eine späte Wiedergutmachung, dass sich die Landessynode mit der Coburgerin Heidi Schülke im Jahr 2002 erstmals eine Frau zur Präsidentin wählte.

Wolfgang Lammel

Literaturtipp

Verkehrsverein Coburg (Hg.): Führer durch Coburg Stadt und Land. Coburg 2002

Stefan Nöth (Hg.): 950 Jahre Coburg 1056-2006. Coburg 2006

Kinderlore erinnert an dunkle Zeiten

In Dinkelsbühl wird das konfessionelle Zeitalter bei der alljährlichen Kinderzeche lebendig

Alljährlich im Juli herrscht in Dinkelsbühl zehn Tage lang Ausnahmezustand. Zum Festspiel der „Kinderzeche" kommen tausende interessierter Gäste aus nah und fern, und in der Stadt weicht das übliche „Grüß Gott" der Formel: „Schöne Kinderzech´!" Ein buntes Programm mit Festspiel, Trachtenumzug, Knabenkapelle, Zunft-Tanzgruppe, Kinderbelustigung und Dämmerschoppen erinnert an die Widrigkeiten des konfessionellen Zeitalters.

Dabei werden historische Ereignisse wieder lebendig: Not und Drangsal der Bevölkerung im Dreißigjährigen Krieg werden dargestellt, und wie die von den Schweden belagerte Stadt 1632 vor Plünderung und Brandschatzung gerettet werden konnte. Nach einer alten Sage war dies dem Töchterlein eines Turmwächters zu verdanken, das singend mit einer Schar un-

Kinderzeche in Dinkelsbühl: Ein Festspiel stellt dar, wie die Kinderlore im Dreißigjährigen Krieg die Stadt rettete. Im Hintergrund die Paulskirche

Die Spitalkirche ist von der Straße her als Gotteshaus kaum zu erkennen

mündiger Kinder den Feinden entgegen ging. Diese Demonstration der „Kinder-Lore" habe das Herz des Obristen Sperreuth erweicht – er befahl, die Stadt friedlich zu besetzen. So haben einst Kinder Dinkelsbühl gerettet, zeigt das Festspiel in der Schrannenhalle und auf dem Altrathausplatz.

Ein Blick in die Geschichte ist aufschlussreich: Schon früh hat sich die ehemalige kleine Freie Reichsstadt der Reformation geöffnet. 1533 wurde der erste evangelische Pfarrer vom Rat der Stadt berufen, der fortan im spätgotischen Münster von St. Georg evangelische Gottesdienste abhielt. Aber auch die römische Messe wurde weiterhin gefeiert. Dinkelsbühl ist ein Beispiel dafür, wie in einer Stadt die evangelische und die katholische Konfession über lange Zeit nebeneinander existierten, dies aber immer wieder zu heftigen Fehden führte.

Als Kaiser Karl V. 1546 den Schmalkaldischen Bund besiegte, musste auch Dinkelsbühl sich ihm ergeben. Dadurch bekam der überwiegend katholisch gebliebene Rat der Stadt Oberwasser, unterstützte gegenreformatorische Maßnahmen und übergab 1549 die Georgskirche wieder den Katholiken zum alleinigen Gebrauch. In der Folgezeit erfand der Stadtrat im Auftrag des Augsburger Kardinalbischofs eine Schikane nach der anderen, um der überwiegend evangelischen Bevölkerung das Leben schwer zu machen.

So ist etwa überliefert, dass die 16 Gewehrschützen der städtischen Leibgarde, von denen 15 protestantisch waren, die katholische Fronleichnamsprozession begleiten mussten und zum Abschluss einen Ehrensalut abzufeuern hatten. Aus Gewissensgründen verweigerten die 15 Protestanten diesen Dienst. Da wurden sie wegen Befehlsverweigerung in Haft genommen und zu je vier Goldgulden Strafe verurteilt.

Den evangelischen Pfarrern und Schulmeistern wurde das Gehalt gesperrt. Evangelische Gottesdienste waren nur noch in der viel zu kleinen Spitalkirche Heilig Geist gestattet. Es durfte nicht mehr evangelisch getauft und getraut werden, doch die bewusst Evangelischen gingen nach auswärts, um die Amtshandlungen protestantisch durchführen zu lassen.

Erst durch den Westfälischen Frieden von 1648 kam es auch in Dinkelsbühl wieder zu geordneten Verhältnissen: Von nun an galt die vollständige Parität der beiden Konfessionen. Es gab fortan einen evangelischen und einen katholischen Bürgermeister. Die Zahl evangelischer und katholischer Ratsherren musste übereinstimmen, die städtischen Dienstbereiche wurden paritätisch besetzt, weshalb es beispielsweise eine evangelische und eine katholische Hebamme gab. Irgendwann soll diese „Bikonfessionalität", eine in Franken einzigartige Facette der Kirchengeschichte, zum Schwerpunkt des dann neu konzipierten Historischen Museums werden.

Nach dem Westfälischen Frieden erhielt die evangelische Gemeinde auch die offizielle Erlaubnis, sich eine eigene Kirche zu bauen, weil die kleine Spitalkirche nicht ausreichte. Aber die Evangelischen waren zu arm, um bald einen Kirchbau verwirklichen zu können. Als schließlich der bayerische König Ludwig I. 1826 nach Dinkelsbühl kam, klagte ihm der evangelische Dekan die Not, für eine Gemeinde von 4000 Seelen noch immer nur eine Kirche mit 400 Sitzplätzen zu haben. Und er erinnerte an die noch nicht eingelöste Zusage aus dem Westfälischen Frieden. Dieses Gespräch tat seine Wirkung. Zwischen 1840 und 1843 wurde auf dem Grund des ehemaligen Karmeliterklosters die evangelische St.-Paulus-Kirche gebaut.

Die protestantische Hauptkirche, ein großer, quergestellter Saalbau, hatte 1500 Sitzplätze, wirkt aber bis heute als Fremdkörper in einer Stadt, die ihre mittelalterliche Atmosphäre, die Stadtmauer, Türme und Tore sowie ihre historischen Gebäude bewahrt hat. Immer wieder sollten Renovierungen den Charakter des Bauwerks verbessern. Aber noch heute wirkt die mit 350 im Halbkreis angeordneten Stühlen und einem mächtigen Eichenholz-Kru-

Adressen

Touristik Service,
Marktplatz,
91550 Dinkelsbühl,
Tel. (09851) 90240,
E-Mail touristik.service@dinkelsbuehl.de,
Internet www.dinkelsbuehl.de.
Infos zur Kinderzeche auch unter www.kinderzeche.de

Historisches Museum
Dr.-Martin-Luther-Str. 6 b,
Tel. (09851) 3293,
E-Mail info@freiereichsstadt.de,
Internet: www.freiereichsstadt.de.
ÖZ Di bis So
von 10 bis 16 Uhr.

Evang.-Luth. Pfarramt,
Dr.-Martin-Luther-Str. 4, Tel (09851) 2319.

Der Abendmahlsaltar der Spitalkirche trägt als Inschrift die Zehn Gebote und die Einsetzungsworte Jesu zum Abendmahl

Das Nebeneinander der beiden Konfessionen symbolisieren die beiden Kirchtürme im Stadtzentrum von Dinkelsbühl: Links St. Paul, rechts das katholische Georgsmünster

zifix von Karl Hemmeter ausgestattete Kirche nüchtern und unfeierlich.

Schmuckstück der evangelischen Gemeinde ist dagegen die Spitalkirche Heilig Geist, von der Straße her kaum als Gotteshaus zu erkennen, aber trotz der vielen Umbauten in seiner über 700-jährigen Geschichte durch seine Kunstwerke ein beachtliches Baudenkmal.

Der Abendmahlsaltar von 1537 gilt als einer der ältesten evangelischen Altäre Deutschlands. Auf einem dreigeteilten Holzaufsatz sind die zehn Gebote und die Einsetzungsworte Jesu zum Abendmahl notiert – ein Hinweis darauf, dass hier schon damals das Abendmahl in beiderlei Gestalt gereicht wurde.

Heute haben in Dinkelsbühl, das sich seit 1992 „Große Kreisstadt" nennt, die Evangelischen noch immer die Mehrheit. Aber die katholische Bevölkerung hat stark aufgeholt. Nach neuester Statistik leben hier jetzt 4860 Evangelische und 3700 Katholiken. Wichtigster Wirtschaftszweig ist der Tourismus – wer kommt, ist allerdings meist auf der Durchreise auf der „Romantischen Straße" und bleibt meist nicht über Nacht.

Ökumene wird auf Sparflamme betrieben: Freitags gibt´s ein ökumenisches Friedensgebet im Münster. Zur Kinderzeche findet ein ökumenischer Gottesdienst statt. Eine Kindergruppe für die Kleinen vor dem Kindergartenalter wird ökumenisch betrieben. Aber bei einem „Dinkelsbühler Tisch" für Bedürftige machen die Katholiken nicht mit. Ein vierzehntägiger Sonntagsgottesdienst im Sommer im Stadtpark ist ein Erfolg, zu dem auch Katholiken kommen, aber die katholische Kirche beteiligt sich nicht. Vor Jahren, nach dem Vatikanischen Konzil, sei mehr Offenheit zu spüren gewesen, doch zuletzt, so urteilen Kenner der Situation, gab es auf katholischer Seite nur eine minimale „Rom-konforme Ökumene".

Helmut Winter

Literaturtipps

Stadtarchiv Dinkelsbühl (Hg.): Festschrift zum Dinkelsbühler Schwedenjahr 1982. Dinkelsbühl 1982

Josef Seubert: Untersuchungen zur Geschichte der Reformation in der ehemaligen Freien Reichsstadt Dinkelsbühl. Lübeck/Hamburg 1971

Schlägerei mit fatalen Folgen

Die gewaltsame Störung einer Prozession 1606 führte zur Rekatholisierung von Donauwörth

Geschichte verdichtet sich bisweilen in unerhörter Weise. Ein Wimpernschlag, ein Schritt, eine Bewegung mit unvorstellbaren Folgen: Die Geschichte vom Flügelschlag des Schmetterlings, der am Ende einen fürchterlichen Hurrikan auslöst. Davon handelt die folgende Begebenheit.

So stellte sich der Zeichner Johann Michael Mettenleitner zweihundert Jahre später das Donauwörther „Kreuz- und Fahnengefecht" vor. Die Prozession vom 25. April 1606 löst sich im Tumult auf

Das Liebfrauenmünster (vorne) und die Klosterkirche Heilig Kreuz dominieren bis heute die Silhouette der Stadt Donauwörth

Sie beginnt in den Morgenstunden des 25. April 1606, einem Frühlingsdienstag. Vom Kloster Heilig Kreuz in Donauwörth, das seinerzeit noch meist Schwäbisch Werd genannt wird, ziehen fünf Mönche und eine Handvoll Bürger zur Markusprozession ins nahe Auchsesheim. Singend und mit wehenden Fahnen durchqueren sie die Freie Reichsstadt, die seit gut zwei Generationen fast vollständig evangelisch geworden war. Als die kleine Gruppe gegen elf Uhr vor dem Donautor erscheint, um zum Kloster zurückzukehren, lässt ihr der Rat der Stadt den Weg versperren.

Wer nicht in Donauwörth wohne, möge die Prozession verlassen, bedeutet man den Betenden. Einige Bauern aus dem Umland folgen der Anordnung widerwillig; die anderen Teilnehmer werden nach Durchqueren des Tores von ein paar rauflustigen Burschen mit Hopfenstangen angegriffen und verprügelt. Die Prozession endet im Tumult.

Der Donauwörther „Hopfenstangenkrieg" hätte zu jeder früheren oder späteren Zeit als kuriose Fußnote in die Ortshistorie eingehen können. Anno 1606 löste er eine Ereignislawine aus, die die Stadt in eine jahrhunderte lange Krise und Europa in den Dreißigjährigen Krieg führte.

Denn in dem Handgemenge am Donautor entluden sich nicht (nur), wie üblich, kleine und meist persönlich motivierte Zwistigkeiten örtlicher Streithansel, sondern der größte politische Konflikt, der im Heiligen Römischen Reich auszutragen war, der konfessionelle. Seit dem Augsburger Religionsfrieden von 1555 hatten sich in den Territorien des Reiches protestantische und katholische Gesellschaften gebildet und gefestigt. Beide Seiten rangen, ganz wörtlich zu verstehen, um jeden Quadratmeter.

Für Donauwörth galt die Regelung wie für alle bikonfessionellen Reichsstädte: Beide Konfessionen waren in ihren Rechten zu achten. Die Katholiken, zuletzt zwölf Familien bei rund 4000 Einwohnern, hatten ihre Prozession unter den Augen der evangelischen Mehrheit ja auch seit über 30 Jahren konfliktfrei begangen: Auf Seitengassen, ohne Fahnen und in stummem Gebet, zumindest, solange es über das reichsstädtische Hoheitsgebiet ging. Nun taten sie es, ermutigt vom neuen Klosterprior Georg Beck, mit neuem Selbstbewusstsein. Am besagten Prozessionstag befand sich ein bischöflich-augsburgischer Notar im Gefolge, was darauf hinweist, dass der Zusammenstoss kein unglücklicher Zufall, sondern wohl kalkulierte Provokation war. Denn mit dem Bericht des Notars im Anhang beschwerte sich kurz darauf der Augsburger Bischof beim Reichshofrat.

Was zu anderer Zeit als juristisches Geplänkel irgendwann ergebnislos in den Registraturen gelandet wäre, entfaltete nun in erstaunlicher Schnelligkeit Wirkung. Kaiser Rudolf II. drohte, vom Baiernherzog Maximilian bedrängt, mit der Reichsacht. 1607 konnte die Prozession gar nicht mehr stattfinden. Der Kaiser, bemüht um die politische Gunst des Herzogs, beauftragte diesen mit der Vollstreckung der Acht. Der städtische Rat blieb sträflich träge, ja selbstherrlich – eine Verhandlungsdelegation des Bayernherzogs empfing er nicht einmal zur Diskussion, mit der abenteuerlichen Begründung es seien leider „ihrer mehrere Ratsherrn ganz betäubt und ein großer Teil des Volkes berauscht" sei.

Ende November 1607 erschien Maximilian mit einer gewaltigen Streitmacht von rund 15.000 Mann vor den Toren Donauwörths, das denn auch gar nicht erst den Versuch machte, sich zu verteidigen. Der Bayer präsentierte eine astronomisch hohe Kostenrechnung von 256.355 Gulden – zum Vergleich: Die städtischen Einnahmen lagen bei jährlich rund 15.000 Gulden – und verwies im Übrigen auf sein Pfandrecht, so lange seine Kosten nicht bezahlt waren. Damit war Donauwörth de facto über Nacht zur bayerischen Landstadt geworden, was die Stadt übrigens de jure erst 1785 wurde.

Die Folgen waren in jeder Hinsicht gewaltig. „Die Reichsacht war für Donauwörth eine Zäsur mit 400jährigen Konsequenzen", sagte Stadtarchivar Ottmar Seuffert. Die Bevölkerungszahl ging um mehr als die Hälfte zurück und erreichte erst um das Jahr 1900 wieder den reichsstädtischen Stand. Die (fast durchwegs evangelisch) bürgerliche Oberschicht wanderte aus; Donauwörth verarmte. Die Stadt wurde auf Drängen Maximilians vollständig rekatholisiert. Aus dem „Kreuz- und Fahnengefecht" wur-

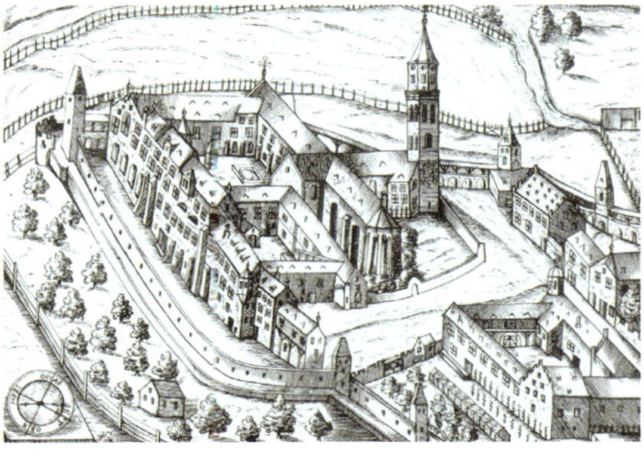

Das Kloster Heilig Kreuz im Jahr 1619. Von hier gingen die Impulse zur Rekatholisierung der Stadt aus

Adressen

Tourist-Information Donauwörth, Rathausgasse 1, 86609 Donauwörth, Tel. (0906) 789151, E-Mail tourist-info@donauwoerth.de, Internet www.donau-woerth.de

Haus der Stadtgeschichte im Rieder Tor Spitalgasse 1 ÖZ: Auf Anfrage (Tourist-Information)

Ev.-Luth. Pfarramt Donauwörth, Heilig-Kreuz-Str. 10, Tel. (0906) 7001443, E-Mail: Ev.Pfa.Donau-woerth@t-online.de, Internet www.drev.de/donau-woerth/donauwoerth

Das Ende ihres Reichsstadtdaseins verdankte Donauwörth dem katholischen Baiernherzog Maximilian, der freilich, anders als auf diesem illustrierten Bild aus dem frühen 19. Jahrhundert, niemals selbst vor Ort war

de eine Wegmarke zum Prager Fenstersturz von 1618, der den Beginn des Dreißigjährigen Krieges bedeutete. Wer's nicht glaubt, mag nachlesen bei Ryoichi Nagata, Professor für europäische Neuzeitgeschichte an der Universität von Okayama. Wer in dessen Aufsatzsammlung über das Europa des frühen 17. Jahrhunderts auch vielleicht nicht mit den japanischen Schriftzeichen zurechtkommt, wird doch wenigstens den Stadtplan von Donauwörth erkennen, in dem der folgenschwere Prozessionszug von Heilig Kreuz zum Donautor markiert ist.

Zu beiden Orten wäre nun noch eine Gegenwartsperspektive nachzutragen. Die Gegend des „Hopfenstangenkrieges" ist städtebaulich so verändert, dass sich das Geschehen kaum genau lokalisieren lässt. Für die Erinnerung sorgt ein modernes Fresko an einem Malergeschäft, dessen Inschrift freilich schon für Stirnrunzeln gesorgt hat – ist dort doch die Rede vom „Pöbel", der seinerzeit die Prozession gestört habe. Die gleiche Saite schlug auch, allerdings fast vierhundert Jahre früher, eine gut erhaltene Gedenktafel in der Stadtkirche an, die den vor Ort tätigen Jesuiten für ihre Arbeit im Dienste gegen die „lutherischen Hunde" („Lutheri caneis") dankte.

Versöhnlicher dagegen präsentiert sich der einstige Klosterbezirk, seit 1875 im Besitz des katholischen Religionspädagogen Ludwig Auer und später dessen Stiftung. Seit 1935 sind nach über 130-jähriger Unterbrechung mit den Herz-Jesu-Missionaren aus Österreich wieder Patres in Heilig Kreuz tätig. Zwei Gebäude erwarb von der Stadt schon im 19. Jh. die evangelische Kirchengemeinde. Und so haben heute Pfarrhaus und ehemaliges Schulhaus (mit Dekanat und Diakoniestation) ihren Platz in trauter Nähe der barocken Klosterbasilika Platz gefunden, von der aus einstmals das Ende einer protestantisch geprägten Reichsstadt ausging – eine bauliche Zufallsökumene, die manchen Touristen in Ratlosigkeit zurücklässt. Thomas Greif

Literaturtipps

Maria Zelzer: Geschichte der Stadt Donauwörth, 1. Band. Donauwörth 1979

Maximilian Lanzinner: Donauwörth. In: Alois Schmid / Katharina Weigand (Hg.): Schauplätze der Geschichte in Bayern. München 2003, S. 216–230

Fürstentraum im rechten Winkel

Erlangen ist Bayerns einzige barocke Planstadt und ein Zentrum evangelischen Lebens

Nur wenige Orte in Bayern liegen so weit neben dem Lederhosen-Klischee wie dieser: Flach, schmucklos-nüchtern, intellektuell. Nicht mal das altfränkische Ersatzidyll aus windschiefem Fachwerk trägt. Erlangen ist rechtwinklig.

Und: Erlangen ist protestantisch. In der Stadtgeschichte, in der städtebaulichen Prägung, im Bewusstsein derjenigen, die man gerne als die »Kerngemeinde« bezeichnet – freilich nicht mehr in der Gegenwartsstatistik, die nur noch ein gutes Drittel der Bevölkerung den evangelischen Kirchen zurechnet.

Die denkwürdigste Besonderheit der Stadt erschließt sich dem Besucher am besten bei einer Besteigung des Turmes der Hugenottenkirche. Sym-

Exklusiv ist Erlangen vor allem von oben. Der Stadtplan von Johann Baptist Hofmann aus dem Jahr 1721 zeigt den Charakter als barocke Planstadt mit dem markgräflichen Residenzschloss in der Mitte

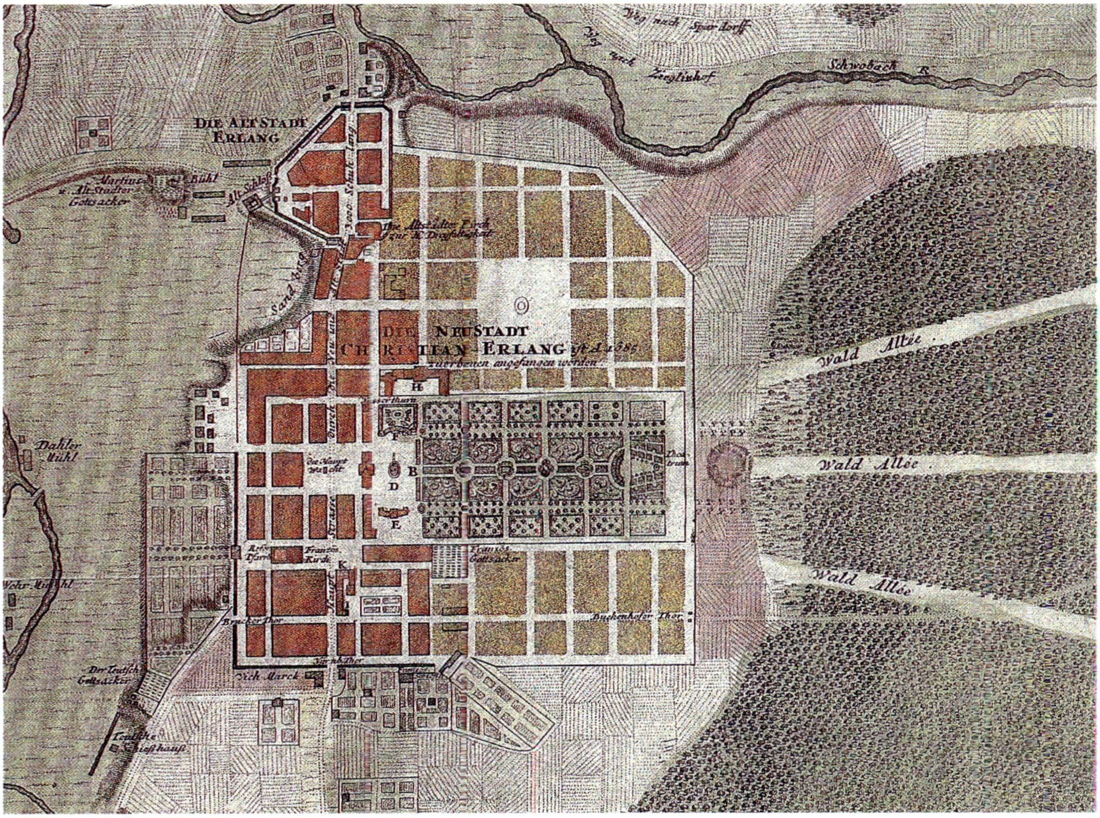

Prägend für das historische Profil von Erlangen ist die Hugenottenkirche. Eine Radierung von Nicolaus Jacob Green von 1772

metrie statt verwinkelter Gässchen, Gleichförmigkeit geduckter Bürgerhäuser statt mittelalterlichem Wildwuchs. Erlangen ist Bayerns einzige barocke Planstadt: ein Umstand, dem die Stadt im Laufe der Jahrhunderte höchst wechselhafte Etiketten verdankte. Die reichen von „eine der schönsten Städte Europas" (1775) bis zur Stadt der „freundlichen Langeweile", wie der Kunsthistoriker Georg Dehio Erlangen 1926 nannte.

Das prägende Muster des Schachbretts hat allerdings weniger mit der hugenottischen Vergangenheit Erlangens zu tun, als Bezeichnungen wie „Hugenottenstadt" glauben machen. Das geometrische „Christian-Erlang", wie das neue Gemeinwesen neben der viel älteren Siedlung Erlangen bald hieß, war vor allem die Verwirklichung eines absolutistischen Fürstentraumes von der »idealen« Stadt, den Christian Ernst von Brandenburg-Bayreuth wie viele seiner Zeitgenossen träumte. „Lediglich zur Unterbringung der französischen Réfugiés wäre das Projekt nicht notwendig gewesen", schreibt der Neuzeithistoriker Helmut Neuhaus im „Erlanger Stadtlexikon". Die bildeten gewissermaßen den „Grundstock" für die neue Bürgerschaft, waren aber schon nach zwei Generationen in der Minderheit gegenüber den deutschsprachigen Einwanderern aus der Pfalz, dem Elsass, der Schweiz und Hessen.

Symbolträchtig begann der Bau der Neustadt mit der Grundsteinlegung für die französisch-reformierte Kirche am 14. Juli 1686. Die Flüchtlinge aus Frankreich zogen von der Altstadt zum Platz der künftigen Kirche, wo Pastor Jacques Papon, der erste reformierte Pfarrer Erlangens, zum Dankgebet auf die Knie fiel. Das Kirchensiegel der Gemeinde bringt jene Empfindungen bis heute zum Ausdruck: Es zeigt die Arche Noah mit der Taube, die einen Ölzweig im Schnabel hält – Symbol der neu gefundenen Heimat, wie man auch das Ensemble aus Kirche, Pfarr- und Gemeindehaus in seiner Gestalt als Symbol der Arche Noah deuten kann.

Die Kirche bekamen die Flüchtlinge vom Markgrafen geschenkt, den Turm mussten sie 50 Jahre später selbst bezahlen. Während die deutsch-reformierte Kirche am Bohlenplatz von 1734 und die unierte Concordienkirche im Schlosspark von 1709 längst profaniert sind, ist die Hugenottenkirche, in der 1822 letztmals in französischer Sprache gepredigt wurde, in ihrer bilder- und schmucklosen Schlichtheit bis heute das eindringlichste Bauwerk reformierter Tradition in Bayern geblieben.

Flankiert wird sie im Stadtbild von den beiden Türmen der fast baugleichen evangelisch-lutherischen Innenstadtkirchen von Altstadt und Neustadt, die von einem für Außenstehende kaum durchschaubaren Mysterium umweht werden. Denn das ungeschriebene Grundgesetz evangelischen Lebens in Erlangen ist eine misstrauische Distanz zwischen beiden Gemeinden, die Dekan Gerhard Münderlein vorsichtig so umschreibt: „Die lieben sich nicht, und zwar aus tiefem Herzen".

Die „Altstadt" entwickelte sich aus dem Ackerbürgerstädtchen Erlangen, das zunächst neidisch auf die privilegierte Großbaustelle nebenan schielte und dann, nach einem verheerenden Brand 1706, im gleichen Reißbrett-Stil wieder erbaut wurde. Die „Neustadt" bot den Einwanderern kirchliche Heimat und, seit der Gründung der neuen Hochschule 1743, auch der geballten akademischen Intelligenz der Theologischen Fakultät. Bis heute finden hier die Universitätsgottesdienste statt. Diese sehr unterschiedlichen soziokulturellen Wurzeln wirken bis ins Unterbewusstsein des 21. Jahrhunderts nach.

Adressen

Tourist-Information,
Rathausplatz 3,
91052 Erlangen,
Tel. (0 91 31) 89 51-0,
Internet:
www.erlangen.de

Stadtmuseum
Erlangen,
Martin-Luther-Platz 9,
Tel. (09131) 862400.
Internet:
www.erlangen.de

Ev.-Ref. Pfarramt
Hugenottenkirche,
Bahnhofplatz 3,
Tel.(09131) 22 164,
E-Mail
gemeindebuero@
hugenottenkirche.de,
Internet www.hugenottenkirche.de

Weiße Wände und eine Orgel: Pfarrer Johannes Mann im kargen Innenraum der Hugenottenkirche

Im Erlanger Schloss – heute Sitz der Hauptverwaltung der Universität – waren bis 1955 die Lehrstühle der Theologischen Fakultät untergebracht

Apropos: Der wesentliche Beitrag Erlangens zum evangelischen Leben in Bayern ist natürlich die Universität. Dort war 150 Jahre lang die Theologische Fakultät die größte; erst 1889 waren in Erlangen mehr Meciziner (317) als Theologen (277) immatrikuliert. Die Theologie bewahrte die Hochschule vor der Schließung in königlich-bayerischer Zeit – denn wo hätten die evangelischen Pfarrer für die neu gewonnenen fränkischen Untertanen ausgebildet werden sollen? Im 19. Jahrhundert wurde die lutherisch-orthodoxe „Erlanger Theologie" zu einem deutschlandweit anerkannten Markenzeichen.

Allerdings konnte hier, im markgräflichen Schloss, wo die Theologen bis 1955 residierten, auch eine böse akademische Entgleisung passieren, die als „Arierparagraph-Gutachen" Kirchengeschichte machte: 1933 bestätigte die Fakultät unter maßgeblicher Beteiligung von Paul Althaus und Werner Elert, dass die Besetzung kirchlicher Ämter mit „Judenstämmigen im Allgemeinen eine schwere Belastung und Hemmung" bedeute.

Ein besonders viel zitiertes Stück christlicher Identität Erlangens ist übrigens Legende. Denn der Satz „Suchet das Himmelreich zu Erlangen", mit dem Generationen von Pfarrern augenzwinkernd ihr dortiges Studium legitimiert haben, steht, entgegen anders lautenden Behauptungen in Witzbüchern, in dieser Formulierung nicht in der Bibel. Entstanden ist er vermutlich in der Blütezeit der „Erlanger Theologie", und zwar als Spottwort jener liberaleren Studenten, die für die Strenge der lutherischen Erlanger Orthodoxie nur wenig übrig hatten.

Thomas Greif

Literaturtipps

Christoph Friederich u.a. (Hg.): Erlanger Stadtlexikon. Erlangen 2002

Alfred Wendehorst (Hg.): Erlangen. Geschichte der Stadt in Darstellung und Bilddokumenten. München 1984

Martin Schieber: Erlangen. Eine illustrierte Geschichte der Stadt. München 2003

Ökumenisches Dorf im Moor

Kleiner Ort mit großer Geschichte: Von Großkarolinenfeld breitete sich der Protestantismus in Oberbayern aus

Eine badische Prinzessin, ein unkultiviertes Moor und 20 Familien aus der Pfalz: Mit diesen Zutaten begann die Geschichte des Protestantismus im katholischen Altbayern. Großkarolinenfeld, heute ein kleiner Ort an der Bahnstrecke München-Salzburg, wurde zur Keimzelle für den evangelischen Glauben im Oberland.

„Schuld" daran war die badische Prinzessin Caroline: Sie hatte sich vor der Hochzeit mit dem bayerischen Kurfürsten Maximilian IV im Jahr 1797 ausbedungen, ihren protestantischen Glauben auch in der neuen, streng katholischen Heimat ausüben und ihren evangelischen Hofstaat mitbringen zu dürfen. Ihr Gemahl gab der Bitte qua Ehevertrag statt – und nutzte die Glaubensfreiheit gleich für seine Zwecke.

Der Fürst wollte nämlich das Moor vor den Toren Rosenheims kultivieren. Und dazu brauchte er Siedler, die bereit waren, die harten Lebensbedin-

Entlang der »Pfälzer Straße« wohnten in Großkarolinenfeld reformierte, lutherische und katholische Siedler zusammen. Rechts oben ist die katholische Kirche (gebaut 1851) zu sehen, links davon die Karolinenkirche (1822), das erste evangelische Gotteshaus in Altbayern

Die nüchterne Ausstattung der evangelischen Karolinenkirche erinnert an die Zeit, als Reformierte und Lutheraner hier gemeinsam feierten

gungen als Pioniere in der „Wüsteney" auf sich zu nehmen. Maximilian wusste, dass viele Menschen aus der gemischtkonfessionellen Pfalz ihr Land verlassen wollten, um dem Einflussbereich des Franzosenkaiser Napoleon zu entkommen. Also erließ er 1802 einen verlockenden Aufruf: Jedem Neuankömmling versprach er ein kostenloses Grundstück, dazu die Zehentfreiheit, bis zu zwölf Ackergäule als Geschenk und – am wichtigsten für die von Napoleons Häschern bedrohten Pfälzer – die Befreiung von der Militärpflicht.

20 Familien machten sich im April 1802 auf den Weg nach Oberbayern. Schon zwei Monate später, am 2. Juni 1802, war die Bevölkerung der neuen Siedlung laut Chronik auf „113 Männer, 120 Frauen, 159 Buben, 73 Mädchen, 60 Pferde und 6 Kühe" angewachsen. Zu Ehren ihrer „wohlgeneigten Karoline" nannten die Kolonisten ihre neu gregründete Siedlung „Großkarolinenfeld". Die Besonderheit: Aus der Pfalz kamen Katholiken, Reformierte und Lutheraner nach „Großkaro", wie der 7400-Einwohner-Ort heute liebevoll genannt wird. „Es ist damit die einzige Ortschaft in Bayern, die von Katholiken und Protestanten gemeinsam gegründet wurde", sagt Heimatpfleger Heribert Greiner.

Für die Pfälzer war das ökumenische Miteinander nichts Neues und meistens vertrugen sich die Katholiken besser mit ihren evangelischen Glaubensgeschwistern, als die Protestanten untereinander. Die oberbayerische Bevölkerung im Umland jedoch begegnete den Zuzüglern mit großer Skepsis. Einmal, so berichtet der Chronist aus dem Jahr 1804, versammelte sich eine Menschenmenge vor dem Haus des ersten evangelischen Pfarrers Elias Merkle, der damals noch im fünf Kilometer entfernten Bad Aibling wohnte. Als Merkle mit seiner Frau an das Fenster im ersten Stock trat, löste sich die Menge murmelnd auf. Auf Nachfrage beschied man dem Pfarrer, die Aiblinger hätten sehen wollen, „ob ein protestantischer Pfarrer auch ein menschlich Antlitz habe«.

Unter dem Schirm von Prinzessin Caroline gedieh das evangelische Leben im Moor. Schon am 25. Januar 1805 genehmigte der Kurfürst den Bau eines protestantischen Pfarr- und Schulhauses. Das Problem: In Großkaro gab es nur Sumpf und Wiesen, aber keine Steine. Das Landgericht war mit seinen Lösungsvorschlägen nicht zimperlich und regte an, eine katholische Kirche abzureißen, um Baumaterial zu erhalten: „Die größte Ausbeute würde aber liefern die Kirche in Feldkirchen beim Kloster Rott oder auch die Wallfahrtskirche Tuntenhausen" – eine Basilika von 1441, die zweihundert Jahre lang Zentrum für katholische Pilger war. Siedlungskommissär von Kling konnte seine Bedenken durchsetzen: Es würde „in dortiger Gegend widrige Sensationen erzeugen", mit „katholischen" Steinen ein evangelisches Pfarrhaus zu bauen.

1822 wurde die evangelische Kirche von Großkarolinenfeld gebaut: das erste protestantische Gotteshaus in Oberbayern. Damit sind zwei weitere Besonderheiten verknüpft. »Karo« ist der erste und wahrscheinlich einzige Ort in Oberbayern, in dem die evangelische Kirche vor der katholischen – sie folgte 1851 – gebaut wurde.

Einmalig ist auch die unierte Praxis, die mit Einweihung der Karolinenkirche eingeführt wurde: Reformierte und Lutheraner besuchten gemeinsam den Gottesdienst, das Abendmahl wurde bis 1903 nach reformiertem Ritus gefeiert. Heute erinnert die Kirche mit ihrer originalgetreuen, schlichten Ausstattung wieder an die unierte Tradition: An den Wänden hängen keine Bilder, nur ein Kruzifix und zwei Paramente zieren den Raum.

Heimatpfleger Heribert Greiner mit dem Kelch, der vermutlich Prinzessin Caroline gestiftet hat

Adressen

Gemeinde Großkarolinenfeld
Karolinenplatz 12,
83109 Großkarolinenfeld,
E-Mail gemeinde@grosskarolinenfeld.de,
Internet www.grosskarolinenfeld.de

Ev.-Luth. Pfarramt,
Karolinenplatz 1,
83109 Großkarolinenfeld,
Telefon (08031) 5102.
Die Kirche ist tagsüber zwischen 10 und 18 Uhr geöffnet.

Schwarzes Gold: Der Torf aus dem Moor von „Großkaro" war während des Eisenbahnbaus als Brennstoff begehrt. Der evangelische Pfarrer Andreas Lindner sorgte dafür, dass das erste ökumenische Dorf Bayerns einen Bahnhof bekam

Dass Großkarolinenfeld eine eigene Bahnhofsstation hat, ist übrigens das Verdienst eines evangelischen Pfarrers. Andreas Lindner, von 1861 bis 1893 an der Karolinenkirche tätig, sorgte dafür, dass die Bahntrasse von München nach Rosenheim nicht wie geplant über Tattenhausen geführt wurde, sondern über sein „lutherisches Dorf". 1886 wurde er dafür zum Ehrenbürger ernannt.

Der Bahnbau verschaffte der Kolonie einen wirtschaftlichen Aufschwung: Torf war im Moor von Großkaro reichlich vorhanden und als Brennstoff für die Bauarbeiten begehrt. Zwischenzeitlich beschäftigten die Siedler sogar Saisonarbeiter aus dem österreichischen Mühlviertel, um der Nachfrage gerecht zu werden. Die Österreicher sahen es mit gemischten Gefühlen, da die Hilfskräfte am Ende der Saison „religiös verwildert" aus Oberbayern zurückkehrten.

1834 umfasste das protestantische Einzugsgebiet von Großkarolinenfeld das südöstliche Bayern bis hinunter nach Salzburg. Aus der Keimzelle im Rosenheimer Moor entwickelte sich im Laufe der Jahrzehnte das evangelische Leben in Oberbayern. Zwischen ihren vielen groß gewordenen „Töchtern" könnte man die knapp 1500 Seelen starke evangelische Gemeinde von „Großkaro" heute fast übersehen. Doch ohne den kleinen Ort mit seiner großen Geschichte wäre das evangelische Oberbayern nicht denkbar.

Susanne Petersen

Literaturtipp

Heribert Greiner: 200 Jahre Pfälzer Siedlung Großkarolinenfeld 1802-2002. Großkarolinenfeld 2002

Junge Tradition mit alter Geschichte

Kaum ein Platz in Bayern wird so sehr mit der evangelischen Kirche assoziiert wie der Hesselberg

Jahrhundertelang schon war der Hesselberg eine gesellschaftliche Symbolstätte des westlichen Mittelfrankens. Zum evangelischen Berg wurde er erst nach dem letzten Krieg, das aber gründlich: Kaum ein Platz in Bayern wird heute so sehr mit der protestantischen Kirche assoziiert wie Frankens einzige Anhöhe mit (gelegentlichem) Alpenblick.

Blumig, fast emphatisch sind die Beschreibungen derjenigen, die in den letzten gut 200 Jahren den Berg erklommen und vom 689 Meter hohen Gipfel aus über das Wörnitztal gen Ries oder zur Frankenalb geblickt haben. Beim einsamen Spaziergang über die Weite des Gipfelplateaus, der »Osterwiese«, spätestens aber beim Anblick des Sonnenuntergangs über den schwäbischen Kaiserbergen ging ihnen das Herz auf: „Die Aussicht von Aetna hat nicht alle die Vollkommenheiten, die uns die Aussicht des Hesselberges darstellt", schrieb ein anonymer Wandersmann schon 1790.

Der Naturwissenschaftler Georg Kirchner rechnete um 1860 den hesselbergischen Gipfelblick »unter die schönsten in Europa«. Am berühmtesten aber

Symbolischer Beginn einer neuen Ära: Helmut Wiegel, Gründungsleiter der Volkshochschule Hesselberg, begrüßt Landesbischof Hans Meiser zum ersten Kirchentag 1951

Ein Gipfelkreuz steht auf dem Hesselberg erst wieder seit allerjüngster Zeit. Das Holzkreuz auf dem Ehinger Gipfel stammt aus dem Jahr 1998

wurde das Urteil des französischen Philosophen Raoul Francé, der notierte, der Hesselberg sei „wunderlicher als alle anderen Berge, die deutscher Boden trägt". Hinter dem Staunen über das Schöpfungswunder taucht indes seit jeher noch etwas anderes auf, eine besondere Rolle, die der Hesselberg im Bewusstsein der Region spielt und die ihn bis heute zum Namensgeber sowohl des Tourismusverbandes als auch der Entwicklungsgesellschaft der Gegend macht.

1525 trafen sich die aufständischen Bauern des südwestlichen Frankens bei nächtlichem Feuer und dumpfem Trummenschlag auf dem Gipfel. Als der Preußenkönig Friedrich Wilhelm III. 1803 seine neu erworbenen fränkischen Territorien visitierte, gehörte der Hesselberg zum Besuchsprogramm. Im Kaiserreich und in der Weimarer Republik betonten große Festaufläufe die vaterländische Gesinnung der Region. Und auch die „Frankentags"-Aufmärsche der Nazis, bei denen bis zu 100.000 Menschen auf den Hesselberg strömten, um bei Bier und Bratwürsten, Tanz und Musik Julius Streichers antisemitischen und antikirchlichen Hetztiraden zu hören, konnten nur so trefflich gedeihen, weil die Menschen „den Berg", wie er hier nur heißt, so tief ins Herz geschlossen haben. Noch und wieder 1957 nannte Helmut Wiegel, erster Leiter der evangelischen Landvolkshochschule, den Hesselberg den „Wachturm des fränkischen Landes".

Eine alte christliche Geschichte hat der Berg nicht, wenigstens keine, die nachweisbar oder gar durchgehend lebendig wäre. Zwar gibt es vage Quellenhinweise, dass oben schon in mittelalterlicher Zeit ein Kreuz stand, und der Blick auf vergleichbare fränkische Berge inmitten katholischer Landschaften legt die Vermutung nahe, dass sich auch hier einstmals eine (Wallfahrts-) Kapelle befand. Indes: Nichts Genaues weiß man nicht.

Seine erste protestantische Note bekam der Hesselberg erst anno 1856, als die umliegenden Gemeinden zum Ärger des bayerischen Königs auf dem Gipfel ein Denkmal errichteten, das dem Schwedenkönig Gustav II. Adolf huldigte. Der hatte nach einer (freilich unbewiesenen) Volksüberlieferung

1632 den Berg erklommen. Ein Lobgesang auf Gustav Adolf, den der Röckinger Pfarrer Christoph Friedrich Jacobi gedichtet hatte („Lasst den Ruf die Luft erfüllen: Gustav hoch, im weiten Tal"), durfte bei der Denkmalweihe nicht erklingen. 1936 sprengten die Nazis das Denkmal; ein bis heute hingenommenes Unrecht.

Schon bald nach Kriegsende fiel das Vakuum auf, das nach dem Zusammenbruch des Dritten Reiches über dem Berg lag. Anstelle einer Tempelstätte des Neuheidentums, eines braunen Bollwerks des Hasses, das dem „Frankenführer" Streicher vorschwebte und ihm gar als letzte Ruhestätte hätte dienen sollen, besannen sich die Hesselbergbauern darauf, hier oben einen Ort christlich-evangelischer Bildungsarbeit zu errichten. „Nachdem der Hesselberg in den Jahren des Dritten Reiches beinahe eine Art heidnischer Kultstätte geworden war, ist es verständlich, wenn die anliegende Bevölkerung des Hesselberges den lebhaften Wunsch hat, dass die aus der Zeit des Dritten Reiches stammenden Gebäudlichkeiten eine Verwendung finden, die dem christlichen Charakter der ganzen Umgebung angepasst ist", schrieb der Landeskirchenrat 1948 an das Bayerische Landesamt für Vermögensverwaltung, das die Hand über die einstige Segelfliegerschule auf halber Bergeshöhe hielt.

Nirgendwo zeigt sich die bewusste Anknüpfung an die Zeiten des (braunen) „heiligen Berges der Franken" der Gründerzeit deutlicher als im Ansinnen

Adressen

Evangelisches Bildungszentrum Volkshochschule Hesselberg, Hesselbergstr. 26, 91726 Gerolfingen, Tel. (09854) 100, E-Mail: info@ebz-hesselberg.de, Internet: www.ebz-hesselberg.de

Fremdenverkehrsverband Hesselberg, Marktstr. 9, 91717 Wassertrüdingen, Tel. (09832) 682245, E-Mail: info@hesselberg.de, Internet: www.hesselberg.de

Der Bayerische Kirchentag auf dem Hesselberg gehört seit Jahrzehnten zu den Fixdaten evangelischen Lebens in Bayern

Das Hesselbergdenkmal errichteten die Anliegergemeinden des Hesselberges im Jahr 1856. Es wurde 1936 von einem Nazi-Schägertrupp gesprengt und nie rekonstruiert

des neu gegründeten Landvolkshochschulvereins, den profilierten Nazi-Gegner Karl Steinbauer als Gründungspfarrer der neuen Schule zu gewinnen. Das freilich scheiterte am Widerspruch von Landesbischof Hans Meiser, der Steinbauer dessen offene Kritik an seiner Amtsführung unter dem Hakenkreuz nicht verzeihen konnte. 1951 kam Meiser selbst auf den Berg, um die neue Landvolkshochschule offiziell zu eröffnen und feierte mit den Hesselbergern gleich den ersten Kirchentag, der fortan zur Institution des bayerischen Protestantismus wurde.

„Jetzt ist auch unser Berg entnazifiziert", freute sich seinerzeit der Mesner von Gerolfingen. Und VHS-Gründungsleiter Wiegel wachte mit eiserner Hand darüber, dass sich oben keine andere Institution breit machen konnte, was der Kirche übrigens bis heute von manchen nachgetragen wird. Jeden Morgen um acht Uhr klingen die schuleigenen Kirchenglocken über den Berg, und seit 1998 markiert ein Gipfelkreuz weithin sichtbar den christlichen Anspruch.

Die einstige Landvolkshochschule sucht im sechsten Jahrzehnt ihres Bestehens – mittlerweile umbenannt in „Evangelisches Bildungszentrum Hesselberg" - das volksmissionarische und pädagogische Anliegen der Gründerväter zeitgemäß weiter zu tragen. Leiter Bernd Reuther nennt „Spiritualität, Bildung und Beteiligung an der Diskussion um die Zukunft des ländlichen Raumes" als Schwerpunkte der Arbeit. Rund 20.000 Übernachtungen zählt das Haus pro Jahr, mit allen sozialdiakonischen Diensten arbeiten rund 220 Menschen unter dem Dach der Landvolkshochschule. Und auch der Kirchentag am Pfingstmontag hat – bei betont strukturkonservativer Ausrichtung – bis heute von seiner Anziehungskraft nichts eingebüßt. Was, notabene, nicht zuletzt der Faszination des Ortes geschuldet ist.

Thomas Greif

Literaturtipps

Max Börner:
Im Bannkreis des Hesselbergs.
Ein Heimatbuch.
Dinkelsbühl 1927

Karl Grünwald:
Sichtbare Spuren der Geschichte im Land um den Hesselberg.
Pyrbaum 1999

Albert Schlagbauer:
Der Hesselberg zwischen Franken und Schwaben.
Nördlingen 1980

Kaiserliches Gotteshaus

In Kaufbeuren ist bis heute reichsstädtischer Bürgersinn lebendig

Einmal im Jahr wird Kaufbeurens große Zeit lebendig: Dann ziehen die Kinder der Stadt in einem farbenprächtigen Schauspiel dem Kaiser Maximilian entgegen. Das Tänzelfest im Juli geht auf mittelalterliche Zunftfeste zurück und ist heute das älteste Kinderfest Bayerns.

Der Kaiser, dem die Stadt auf diese Weise ein ehrendes Gedenken bewahrt, hätte es sich wohl nicht träumen lassen, dass seine fürstliche Herberge in der schwäbischen Reichsstadt Kaufbeuren einmal zu einer evangelischen Kirche wird. Seit über 400 Jahren feiern die Evangelischen ihre Gottesdienste in der „Dreifaltigkeitskirche", die mitten in der Stadt an der zentralen Kaiser-Max-Straße liegt. Über die Jahrhunderte ist die große Hallenkirche nicht nur der Mittelpunkt der Kaufbeurer Gemeinde, sondern strahlt auch in das katholische Umland aus.

Bereits vor der Kirchengründung hatte der stattliche Bau eine bewegte Geschichte hinter sich. Wie neue historische Forschungen ergaben, war das große Gebäude, das wohl aus dem 13. Jahrhundert stammt, bis 1420 Sitz des „Ammans", des Statthalters der Stauferkönige in dem aufstrebenden Marktflecken an der Wertach. Außerdem diente das Anwesen dem Rat der

Der Einzug des Kaisers Maximilian in Kaufbeuren ist der Höhepunkt beim alljährlichen Tänzelfest, der die Stadt in ein Heer- und Fierantenlager des 16. Jahrhunderts verwandelt

Über den Dächern von Kaufbeuren: rechts die gewaltige mittelalterliche (katholische) Martinskirche, links davon der gelbweiße Turm der Dreifaltigkeitskirche

Stadt und ging im 15. Jahrhundert in Privatbesitz über. Die Ritter von Freyberg zum Eisenberg verkauften es Anfang des 16. Jahrhunderts an Maximilian, der dafür als Kaufsumme den Gegenwert von zwölf Bürgerhäusern auf den Tisch legen musste.

Maximilian, der als „letzter Ritter" in die Geschichte einging, war gerne und häufig in seiner freien Reichsstadt, die ihm auch zum persönlichen Schicksal wurde. Bei einem Besuch in Kaufbeuren beobachtete der Kaiser 1518 eine Sonnenfinsternis. Dieses Naturereignis war ihm bereits Jahre zuvor als Vorbote seines Todes angekündigt worden. Und nur ein Jahr später starb der Kaiser, der diese Prophezeiung offensichtlich sehr ernst genommen hatte. Seine fürstliche Herberge übernahm die Stadt und vermachte sie 1604 der noch jungen evangelischen Gemeinde.

Mit dieser Schenkung war eine turbulente Phase der Kaufbeurer Kirchengeschichte zu einem ersten Abschluss gekommen. Denn in den Reformationsjahren mussten sich die Evangelischen, die wie in fast allen Reichsstädten schnell in der Mehrheit waren, die gotische Stadtkirche St. Martin mit ihren altgläubigen Mitbürgern teilen – was von Anfang an nicht gut ging. In der Kirche kam es regelmäßig zu hitzigen Wortgefechten zwischen altgläubigen Priestern und den Anhängern der neuen Lehre, die in Handgreiflichkeiten ausarteten und schließlich eskalierten: Am 8. Januar 1525 musste der altgläubige Pfarrer Sick von besorgten Bürgern vor der aufgebrachten Menge geschützt werden.

Danach war es dem Stadtrat, der um den Frieden innerhalb der Stadtmauern fürchtete, zu viel. Er beraumte ein „Religionsgespräch" an, das Klärung in der Religionsfrage bringen sollte. Die zweitägigen Beratungen endeten mit einem vollen Erfolg der evangelischen Seite, für die der lutherische Kaplan Jakob Lutzenberger sieben eingängige „Thesen" verfasst hatte. Wegen der unsicheren politischen Gesamtlage – um die Stadt herum tobte der Bauernkrieg, starke bayerische Reiterei stand im benachbarten Landsberg Gewehr bei Fuß – taktierte der Rat aber betont vorsichtig: Die Geistlichen wurden zwar auf die Verkündigung der neuen Lehre von den Kanzeln verpflichtet, über die umstrittenen kirchlichen Zeremonien sollte jedoch ein Gutachten von außen entscheiden.

Dieses Vorgehen war mehr als berechtigt: Noch im Jahr 1525 besetzte der „Schwäbische Bund", der die aufständischen Bauern ohne jedes Erbarmen und mit brutaler Gewalt bekämpfte, Kaufbeuren und installierte sogleich ein „altgläubiges" Kirchenregiment. Fortan waren die Evangelischen, obwohl sie inzwischen 80 Prozent der Bevölkerung stellten, nur noch geduldete Gäste in der St. Martinskirche. Diesen für die Protestanten äußerst misslichen Zustand beendete der Rat erst 1604, als er der evangelischen Gemeinde das alte kaiserliche Palais übereignete. Mit großem Eifer und in einer Rekord-Umbauzeit von nur 39 Wochen machten die Evangelischen aus dem adeligen Herrensitz eine Kirche.

Die Epoche, in der mit Maximilian des Öfteren der Kaiser in der Stadt weilte, spielen die Kaufbeurer Kinder Jahr für Jahr im „Tänzelfest" nach. In einem großen Festzug ziehen über 1600 Buben und Mädchen in detailgetreuen historischen Trachten und Uniformen durch die Straßen. Der Höhe-

Adressen

Tourist-Information
Verkehrsverein
Kaufbeuren,
Kaiser-Max-Str. 1,
87600 Kaufbeuren.
Tel. (08341) 40405,
E-Mail tourist-info@kaufbeuren.de,
Internet
www.kaufbeuren-tourismus.info

Tänzelfestverein,
Spitaltor 5,
Tel. (08341) 2828,
E-Mail info@taenzelfest.de,
Internet www.taenzelfest.de

Ev.-Luth. Kirchengemeinde Dreifaltigkeitskirche,
Ludwigstr. 31,
Tel. (08341) 95180,
E-Mail
dfk.pfarramt@t-online.de,
Internet
www.kaufbeuren-evangelisch.de

Aus dem Jahr 1708 stammt diese stilisierte Stadtansicht von Kaufbeuren nach einem Kupferstich von Elias Bäck

Seit der Renovierung im vergangenen Jahr erstrahlt die Dreifaltigkeitskirche wieder in neuem Glanz. Im Mittelalter war das Gebäude die kaiserliche Herberge in Kaufbeuren

punkt des »Tänzelfestes«, das als ältestes Kinderfest in Bayern gilt und mit viel ehrenamtlichem Engagememt vom „Tänzelfestverein" organisiert wird, ist eine farbenfrohe Szene vor dem Rathaus, bei der Kaiser Maximilian dem Schützenkönig der Kaufbeurer Buben als Preis eine Hose überreicht. Bei einem Besuch 1497, so berichtet die Stadtchronik, soll Kaiser Maximilian selbst den kleinen Schützen mit Hose und Schützenkette geehrt haben.

Über die Historie spannt das „Tänzelfest" inzwischen einen Bogen bis in die Neuzeit. So sollen beispielsweise die „Salzburger Exulanten" an das Schicksal der Sudetendeutschen erinnern, die nach dem Zweiten Weltkrieg in dem neuen Kaufbeurer Stadtteil Neugablonz wieder eine Heimat fanden.

Traditionen und Aufbrüche charakterisieren auch die evangelische Gemeinde, wie Pfarrer Peter Morgenroth sagt. Die Gemeinde lebt heute in einer tragfähigen Ökumene mit den katholischen Nachbarn, die inzwischen auf der Basis einer offiziellen „Ökumenischen Partnerschaftsvereinbarung" steht. Ein weiteres Markenzeichen der Gemeinde, die es außerhalb der Stadtgrenzen mit einer ausgeprägten Diaspora-Situation zu tun hat, ist ihr diakonisches Profil mit Sozialeinrichtungen und Altenheimen.

Bürgersinn zeigten die Kaufbeurer bei der umfassenden Renovierung der Dreifaltigkeitskirche im Jubiläumsjahr 2004. Die Umbauten sind, was Pfarrer Morgenroth wichtig ist, theologisches Programm: Der Pfarrer ist näher an die Gemeinde gerückt, das Kreuz hinter dem Altar steht in einer visuellen Achse mit dem – ebenfalls restaurierten – Epitaph im Eingangsbereich, das die christliche Auferstehungshoffnung darstellt. Einen großen Teil der Sanierungskosten in Höhe von rund 600.000 Euro haben die Gemeindemitglieder durch Spenden aufgebracht – für eine Kirche, die über die Jahrhunderte eine echte „Bürgerkirche" geblieben ist.

Achim Schmid

Literaturtipps

Stefan Dieter:
Die Reichsstadt Kaufbeuren in der Frühen Neuzeit.
Thalhofen 2000

Jürgen Kraus, Stefan Fischer, Stefan Dieter (Hg.):
Die Stadt Kaufbeuren (2 von 3 Bänden erschienen).
Kaufbeuren 1999/2001

Karl Alt:
Reformation und Gegenreformation in der freien Reichsstadt Kaufbeuren.
München 1932

Die Mauer von Kempten

Zwischen Zwingli, Luther und dem Fürstabt: wie die Stadt im Allgäu evangelisch wurde

Die evangelischen Stammlande Bayerns liegen bekanntlich in Franken. Doch auch im Süden Bayerns gibt es protestantische Schwergewichte: Kempten im Allgäu zum Beispiel. 1529 protestierte die freie Reichsstadt auf dem Reichstag in Speyer für die evangelische Lehre, ein Jahr später unterzeichnete sie die Confessio Augustana – und beharkte sich dann 300 Jahre lang mit den katholischen Fürstäbten vor den Toren der Stadt.

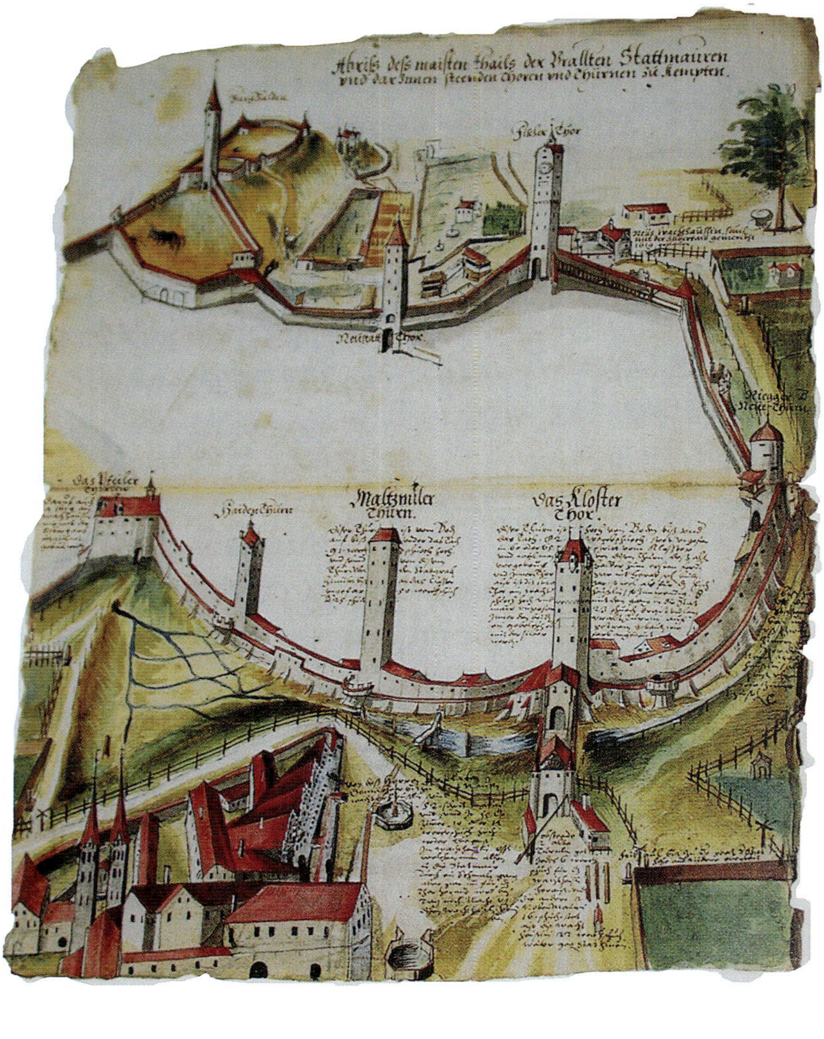

Innen Reichsstadt Kempten, außen fürstliches Stift: Eine dicke Mauer trennte evangelische Städter von katholischen Bauern. Erst 30 Jahre nach der Säkularisation 1803 fiel die „Berliner Mauer" von Kempten

Die St. Mang-Kirche hat ihre Kunstschätze beim zwinglianischen Bildersturm verloren und ist heute die zentrale lutherische Kirche im Allgäu

Zunächst ging es eigentlich mehr um politische als um religiöse Fragen. Seit dem Jahre 1289 besaß die Stadt Kempten einen Freiheitsbrief von König Rudolf I. von Habsburg. Wirklich frei war sie trotzdem nicht. Der mächtige Fürstabt, der in der Benediktinerabtei vor den Stadttoren thronte und dessen Land die Reichsstadt komplett umschloss, pochte auf seine älteren Rechte und blieb oberster Grundherr der Stadt.

Da kam den Kemptenern der Bauernaufstand des „Allgäuer Haufen" gerade recht: Erbittert über die strenge Leibherrschaft von Fürstabt Sebastian von Breitenstein stürmten die Bauern im März 1525 das Kloster. Breitenstein musste fliehen – und klopfte in höchster Not ausgerechnet an das Tor der Reichsstädter.

Eine einmalige Gelegenheit, die sich der damalige Bürgermeister Gordian Seuter nicht entgehen ließ: Die Stadt gewährte dem Erzfeind Asyl – aber um sie wieder verlassen zu dürfen, musste der Fürstabt alle Rechte abtreten, die er in der Reichsstadt noch besaß. 30.000 Gulden ließ Seuter sich diesen „Großen Kauf" kosten. Jetzt erst war Kempten wirklich frei. Die Widersacher Seuter und Breitenstein finden sich übrigens heute noch in einem modernen Fassadengemälde am Kemptener Rathausplatz wieder.

Als Erstes führte der Magistrat die Reformation ein. Damit war man auch konfessionell von den Stiftsstädtern geschieden. Und dann machten die Kemptener Ernst mit der neuen Religionslehre. Auf dem Reichstag zu Speyer 1529 protestierten sie – gemeinsam mit 13 anderen Reichsstädten und sechs Fürsten – für Martin Luthers Gedanken. Ein Jahr später, auf dem Augsburger Reichstag 1530, unterzeichneten sie gleichzeitig mit Windsheim, Heilbronn und Weißenburg die „Confessio Augustana".

Daheim im Allgäu jedoch, abseits der hohen Kirchenpolitik, entfernte sich die Reformationsbewegung immer mehr von Martin Luther. Alles lief, so nahe an der Schweizer Grenze, auf den Reformator Huldrych Zwingli zu.

Denn der erste Prediger an St. Mang, Jakob Haystung, bekannte sich zur Lehre des Zürcher Theologen und hielt flammende Predigten für die reformierte Praxis. Am Dreikönigstag des Jahres 1533 ließ der Rat die Bürger über die Bilderfrage abstimmen. 500 Kemptener forderten, jeglichen Kirchenschmuck zu zerstören. Nur 174 wollten die Kunstschätze behalten.

Die Leinwandmacher versuchten noch, die Fresken ihrer Kirche zu retten: Man solle die Bilder mit Tüchern verhängen, so ihr Vorschlag. Doch die Zwinglianer blieben konsequent und tünchten alle Wände weiß. Der Bildersturm enttäuschte übrigens den ehemaligen Bürgermeister Gordian Seuter so sehr, dass er die Familienkapelle in St. Mang als Begräbnisort verschmähte und sich im Kloster Ottobeuren beerdigen ließ. Eine Grabplatte, links hinter dem Altar von St. Mang, erinnert trotzdem noch heute an die berühmte Familie.

Letztlich blieben Zwingli und die Schweizer Reformation aber nur ein Zwischenspiel in Kempten. Die Reichsstadt wurde nach ein paar Jahren wieder lutherisch – mit ausländischer Hilfe. 1553 kam Primus Truber, Domherr im slowenischen Laibach, ins Allgäu. Truber hielt nicht viel davon, „den gotseligen ainfeltigen Christen solche hohe Disputationen de reali, corporali, substantiali et spirituali corporis Christi presentia" zuzumuten. Den Anhängern Zwinglis begegnete er freundlich, wetterte in seinen Predigten aber gegen die Uneinigkeit der Evangelischen und legte seiner Kemptener Kirchenordnung die Confessio Augustana zugrunde. Damit war die Wende zum Luthertum besiegelt.

Nachdem die evangelischen Verwirrungen in Kempten nun ausgestanden waren, konnte man sich wieder auf das Tagesgeschäft konzentrieren. Und das wurde erschwert durch eine frühe Allgäuer Version der Berliner Mauer, die die Reichsstadt von der rundherum angrenzenden katholischen Stiftsstadt isolierte.

Die herzliche Feindschaft, durch den konfessionellen Unterschied noch verschärft, trieb in den folgenden Jahrzehnten immer absonderlichere Blüten. So war es den Kemptener Bürgern bei Todesstrafe verboten, ausländisches Bier zu importieren – der Fürstabt wollte die Stadt zwingen, sich selbst zu versorgen. Den Kemptener Leinwandmachern, denen die reichsstädtischen Bleichwiesen zu klein wurden, durchkreuzte er

Noch heute im Stadtbild präsent: Bürgermeister Gordian Seuter . . .

Adressen

Tourist-Info der Stadt Kempten, Rathausplatz 24, 87435 Kempten, Tel. (0831) 2525237, E-Mail: touristinfo@kempten.de Internet www.kempten.de

Allgäu-Museum, Großer Kornhausplatz 1, Tel. (0831) 540212-0, E-Mail museen@kempten.de, Internet www.allgaeu-museum.de. ÖZ: Di bis So von 10 bis 16 Uhr.

Pfarramt St. Mang, St.-Mang-Platz 6, Tel. (0831) 2538621, E-mail pfarramt.stmang.ke@elkb.de, Internet: www.kempten-evangelisch.de ÖZ der Kirche: täglich 10 bis 16 Uhr.

. . . und sein Widersacher Fürstabt Sebastian von Breitenstein, zu sehen in einem Fassadengemälde am Rathausplatz

die Expansionspläne: Keinen Quadratmeter Stiftsland überließ er ihnen. Und wenn es Streit gab, drehte er den Bürgern schon mal die Wasserzufuhr ab.

Doch das ließen sich die Protestanten nicht gefallen: Sie gruben heimlich einen noch heute existierenden Kanal unter der Stiftsstadt hindurch und waren damit unabhängig. Lediglich mit der Richtung hatten sich die Kemptener Maulwürfe verschätzt: Statt im Donaugebiet landeten sie jenseits der Wasserscheide am Rhein.

Im Rückblick wirken solche Auseinandersetzungen beinahe erheiternd. Wie lebensgefährlich der Religionszwist aber war, zeigte sich im Dreißigjährigen Krieg. 1632 schleiften die Reichsstädter, ermutigt durch die Präsenz des schwedischen Heers, die Abtei. Der im Exil weilende Fürstabt tobte und drängte den Kaiser, seine Truppen nach Kempten zu schicken. Am 13. Januar 1633 brandschatzten die Soldaten die Stadt und richteten ein Gemetzel unter den Bürgern an. Pest und Hunger taten ein Übriges, so dass von 6000 Einwohnern am Ende des Kriegs nur noch 900 am Leben waren.

1803 wurden Reichs- und Stiftsstadt bayerisch, rund 30 Jahre später fiel die Mauer. Somit war zumindest die räumliche Trennung zwischen katholischen und evangelischen Christen beseitigt. Doch 300 Jahre konfessionelle Feindseligkeit ließen sich nicht einfach vom Tisch wischen. „Es war bis nach dem Zweiten Weltkrieg undenkbar, dass ein Reichsstädter eine Frau aus der Stiftsstadt heiratet", sagt der Kemptener Dekan Hans Gerhard Maser. Selbst tolerante Zeitgenossen waren da eisenhart. Maser berichtet von einem Mann aus der St. Mang-Gemeinde, der nach dem Krieg eine breite Freitreppe zwischen der höher gelegenen Stiftsstadt und der darunter liegenden Reichsstadt bauen ließ, damit sich die Bewohner der beiden Stadtteile leichter begegnen konnten. Als ihm jedoch sein eigener Sohn seine Verlobte aus der Stiftsstadt nach Hause brachte, enterbte er ihn auf der Stelle.

Heute, so Maser, herrscht in Kempten ein gutes ökumenisches Klima. Anlässlich des Jahrestages der Protestation zu Speyer feierte man 1999 gar ein ganzes ökumenisches Jahr zusammen. Aber die Erinnerung an die Mauer bleibt lebendig. „Noch heute", sagt der Dekan, „wird bei Umzügen manchmal gewitzelt: ‚Was? Du ziehst als Evangelischer in die Stiftsstadt?'" Wer als Kemptener Protestant zu den Katholischen geht, muss sich eben frotzeln lassen.

Susanne Petersen

Literaturtipps

Wolfgang Jahn (Hg.): „Bürgerfleiß und Fürstenglanz". Reichsstadt und Fürstabtei Kempten (Ausstellungskatalog). Augsburg 1998

Wolfgang Petz: Zweimal Kempten – Geschichte einer Doppelstadt (1694-1836).

Ein „evangelisches Jahrhundert"

Kitzingen blickt auf eine wechselvolle konfessionelle Geschichte zurück

Als die evangelische Gemeinde in Kitzingen am 29. September 1754 ihr erstes eigenes Gotteshaus in der Vorstadt Etwashausen einweihte, hielt Pfarrer Johann Friedrich Hobbhan eine zweistündige Festpredigt. An Stoff mangelte es ihm sicher nicht bei seinem Rückblick auf die bewegte Konfessionsgeschichte der unterfränkischen Weinhandelsstadt.

Die Wurzeln der späteren Konflikte reichen zurück bis ins Jahr 1443. Damals verpfändete das Hochstift Würzburg während eines finanziellen Engpasses seinen Fünf-Achtel-Anteil an Kitzingen für 39.100 Gulden an Markgraf Albrecht von Brandenburg-Ansbach. Bedingung war allerdings, dass die Bürger weiterhin jedem Bischof huldigten. Außerdem sollte das Hochstift in jedem Jahr die Möglichkeit zur Ablösung des Pfandvertrags haben.

Und dieser Fall trat 1626 ein, mitten im Dreißigjährigen Krieg. Das brandenburgische Haus war geschwächt, da nach dem Tod von Markgraf Joachim

Die katholische St. Johanniskirche hat eine wechselvolle Geschichte. Von 1522 bis 1629 diente sie der evangelischen Gemeinde als Gottesdienststätte. Bei der Rückgabe der Stadt an das Hochstift Würzburg feierte Fürstbischof Philipp Adolf von Ehrenberg hier die erste katholische Messe

Paul Eber, einer der wichtigsten Reformatoren der ersten Stunde. Er ist bis heute der prominenteste Kitzinger

Ernst eine Vormundschaftsregierung dessen drei minderjährige Kinder vertrat. Die Markgräfinwitwe wehrte sich zwar nach Kräften dagegen, den Pfandschilling anzunehmen. Doch nach erbittertem Rechtsstreit wurde der 20. Januar 1629 als Tag der Rückgabe bestimmt. Chronist Richard Herz nennt ihn den „schwärzesten Tag" in der Geschichte der evangelischen Gemeinde Kitzingen. Er markiert den Höhepunkt und gleichzeitig den Abschluss der katholischen Gegenreformation in Franken.

Das Würzburger Religionsmandat von Fürstbischof Philipp Adolf von Ehrenberg sollte alle Protestanten in seinem Einflussbereich zwingen, innerhalb von vier Wochen zur katholischen Lehre zurückzukehren. Andernfalls drohten Zwangsverkauf ihres Eigentums und Landesverweisung. Bereits am Tag der Huldigung wurden alle protestantischen Geistlichen entlassen. Der Fürstbischof hielt die erste römische Messe und die erste römische Predigt in der einstmals katholischen, dann evangelischen St. Johanniskirche.

Auch die einfachen Gläubigen in der Stadt blieben von den Zwangsmaßnahmen nicht verschont. Kapuzinermönche beschlagnahmten lutherische Bibeln, Gesangbücher und Gebetbücher. An katholischen Fasttagen wurde in evangelischen Familien nach Fleisch in den Kochtöpfen gefahndet. Wer während der Messfeier auf der Straße umherging, wurde mit Peitschen in die Kirche getrieben. Es wird sogar davon berichtet, dass Säuglinge ihren Eltern weggenommen wurden, bis diese die Einwilligung zur Taufe nach katholischem Ritus gaben. Über 1000 evangelische Kitzinger verließen damals ihre Heimat. Andere evangelische Familien gingen „in den Untergrund".

Doch schon zweieinhalb Jahre später kam der Umschwung. Im Herbst 1631 erließ Schwedenkönig Gustav II. Adolf ein Mandat, das die Rückkehr protestantischer Pfarrer und Lehrer erlaubte. Nun flohen katholische Beamte und Geistliche. Evangelische Flüchtlinge kehrten heim, holten sich ihr Eigentum – ohne Bezahlung – zurück und ließen ihre Macht gegenüber den Katholiken spielen.

Das schwedisch-brandenburgische Intermezzo währte indessen nur kurz. Im September 1634 besetzte der kaiserliche General Octavio Piccolomini Kitzingen. Die von ihm zugesicherte ungehinderte Ausübung der evangelischen Religion war allerdings schon nach einem halben Jahr wieder beendet. Im März 1635 mussten die evangelischen Amtsträger erneut die Stadt verlassen. Da der neue Fürstbischof jedoch keinen weiteren Menschenverlust verkraften konnte, durften die 30 verbliebenen evangelischen Familien bleiben.

Unter dessen Nachfolger Johann Philipp von Schönborn verbesserte sich die Lage. 1647 gestattete er den Bürgern freie Religionsausübung in den benachbarten Orten Sickershausen, Hohenfeld und Mainbernheim, 1650 in der Vorstadt Etwashausen. Dieser Gnadenvertrag sanktionierte die Zweikonfessionalität der Stadt. Den Evangelischen ermöglichte er den Wiederaufbau ihrer einst blühenden Gemeinde. Der Osterleuchter in der evangelischen Stadtkirche, den der Kitzinger Künstler Harald Knobling fertigte, erinnert bis in die Gegenwart an jene Zeit: Hinter einem sich aufbäumendem Pferd ist der Turm der ehemaligen Klosterkirche, Vorläufer der heutigen Stadtkirche, zu sehen.

Die Blütezeit der evangelischen Gemeinde hatte bereits in der frühen Reformation begonnen und sollte ein Jahrhundert dauern, das als das »evangelische Jahrhundert« in die Geschichte einging. Am 10. August 1522 hielt Christoph Hofmann den ersten evangelischen Gottesdienst in Kitzingen. Als eigentlicher Reformator der Gemeinde gilt Pfarrer Martinus Meglin, der 1525 in die Stadt kam. Er führte den Gottesdienst nach dem Vorbild von Luthers deutscher

Adressen

Tourist-Information der Stadt Kitzingen, Schrannenstraße 1, 97318 Kitzingen, Tel. (09321) 920019, E-Mail: tourist@stadt-kitzingen.de Internet: www.kitzingen.de

Ev.-Luth. Pfarramt Stadtkirche, Gustav-Adolf-Platz 6, Tel. (09321) 8025, E-Mail: ev.stadtkirche-kitzingen@freenet.de, Internet: www.stadtkirche-online.de

Deutsches Fastnachtsmuseum, Falterstraße, Tel. (09321) 4686, ÖZ: Sa. und So. von 14 bis 17 Uhr oder nach telefonischer Vereinbarung

Die Glaubenskriege sind ein Thema auf dem Osterleuchter, den der Kitzinger Künstler Harald Knobling für die evangelische Stadtkirche fertigte. Hinter dem aufbäumenden Pferd ist der Turm der ehemaligen Klosterkirche, Vorläufer der heutigen Stadtkirche, zu sehen

Die „Paul-Eber-Bibel“ aus Kitzingen wird heute im Landeskirchlichen Archiv in Nürnberg verwahrt

Messe und den deutschen Choralgesang ein, feierte erstmals das Abendmahl mit Brot und Wein. Nach einer kurzen Krise im Zuge der Bauernkriege entwickelten sich Schul- und Stipendienwesen: Zahlreiche Kitzinger Stipendiaten wurden zum Studium nach Wittenberg oder Leipzig geschickt.

In Wittenberg wurden sie unter anderen von einem gebürtigen Kitzinger unterrichtet, dem Universitätsprofessor Paul Eber. Geboren 1511 als Sohn eines Schneidermeisters, studierte er in Wittenberg bei Philipp Melanchthon Theologie. Die Verbindung zu seinem Lehrmeister wurde so eng, dass der junge Paul Melanchthons „Repertorium“ oder Nachschlagewerk genannt wurde. 1544 wurde Eber Professor der Philosophie, später amtierte er als Rektor der Universität. 1557 wurde er Professor an der theologischen Fakultät und als Prediger an der Wittenberger Schlosskirche Nachfolger Martin Luthers.

Nach Melanchthons Tod wurde Eber schließlich Generalsuperintendent von Kursachsen, vergleichbar einem Landesbischof. Er starb 1569 in Wittenberg. Seine Vaterstadt hat er zeitlebens nicht vergessen. Zum Bau des neuen Rathauses 1562 widmete er Kitzingen eine doppelbändige Bibel, die im Jahr zuvor in Wittenberg gedruckt worden war. Eigenhändig hat der Reformator darin das Wappen seiner Vaterstadt interpretiert.

Paul Eber freilich ist im Gedächtnis der Kitzinger noch immer gegenwärtig. Vor der evangelischen Kirche erinnert ein Denkmal an ihn. Das Gemeindehaus trägt ebenso seinen Namen wie die Kantorei. Und mit seinem Choral „Wenn wir in höchsten Nöten sein“ ist er bis heute im protestantischen Deutschland in aller Munde.

Beate Krämer

Literaturtipps

Richard Herz: Chronik der evangelischen Gemeinde Kitzingen. Kitzingen 1963

Albrecht Schübel: Das Evangelium in Mainfranken. Geschichte einer Diaspora, München 1958

Bernd-Joachim Hock: Kitzingen im Dreißigjährigen Krieg. Tübingen 1981

Schöner als die Wirklichkeit

An manchen Orten in Franken werden legendenhafte Luther-Erinnerungen gepflegt

Am spannendsten wird Geschichte meist dann, wenn sie sich im Dickicht des Ungewissen verliert. Manche Epoche, auch die Reformationszeit, lebt auf faszinierende Weise im Sagenschatz weiter. Und man sollte sich hüten, die Volksüberlieferung, vermeintlich aufgeklärt, achtlos beiseite zu schieben. Denn durch jede Sage weht ein Hauch von Wahrheit.

Ein stattlicher, alter Baum flößt Ehrfurcht ein. So ist es auch hier im mittelfränkischen Unternesselbach, wo sich Steigerwald und Aischgrund begegnen. Neben der mittelalterlichen Bartholomäuskirche steht eine uralte Linde, der man ansieht, dass sie schon manches Gewitter hat überstehen müssen.

Heimatdichter lassen in ihren Geschichten gern die Dorflinden erzählen. Wenn es diese hier könnte, würden wir gespannt lauschen: Ob sie nämlich einen Erdenmenschen namens Martinus Luther erwähnt, der einstmals unter ihren damals noch nicht ganz so weiten Ästen gepredigt haben soll, wie das die Volksüberlieferung berichtet. In die Kirche, geht die Sage, habe ihn

Unter der Lutherlinde von Unternesselbach soll Martin Luther einstmals persönlich gepredigt haben

Woher hat das „Lutherhäusl" auf dem Rutzenhof im südlichen Mittelfranken seinen Namen? Ein Aufenthalt des Reformators ist nicht nachweisbar, aber wahrscheinlich

der Pfarrer nämlich nicht hineingelassen. Die örtliche Überlieferung klingt einigermaßen plausibel. Denn sie nennt sogar ein genaues Datum, den 17. April 1518. Luther befand sich zu dieser Zeit, das ist sicher, auf dem Fußweg von Wittenberg nach Heidelberg, wo ein Konvent seines Augustinerordens stattfand. Mit etwas Phantasie kann man sich tatsächlich den Weg von Sachsen in die Pfalz über den Aischgrund vorstellen, allerdings: In Unternesselbach bietet man auch noch einen zweiten Anlass für Luthers Anwesenheit an, und zwar den Weg gen Augsburg, zur Begegnung mit Kardinal Cajetan im Oktober 1518. Das klingt schon unwahrscheinlicher, denn Luther hätte dazu einen Umweg marschieren müssen. Besonders verdächtig ist aber natürlich, dass die Sage zwei Angebote vorhält: So ganz genau wusste man es dann eben doch nicht.

Dass Unternesselbach dennoch einen beachtlichen Bezug zum Reformator höchstselbst besitzt, ist unstrittig. Denn hier wirkte von 1520 bis 1524 Caspar Löhner als Pfarrer, ein früher und unbedingter Gefolgsmann Luthers, der als erster evangelischer Pfarrer Frankens gilt. Welchen Stellenwert er für die Reformatoren der ersten Stunde besaß, illustriert das Wort Melanchthons, als Löhner 1546 kurz nach Luther starb: „Innerhalb weniger Wochen haben wir Luther und Löhner verloren." Wer konnte sich schon zugute halten, im gleichen Atemzug mit dem Übervater genannt zu werden? Und so mag sich irgendwann die Erinnerung an das Wirken des Lutheraners Löhner in Unternesselbach verwischt haben zur Erinnerung an das Wirken Luthers in Unternesselbach. Ähnlich klingt es ja.

Ein Stück näher an der Wahrheit ist eine Geschichte, die im Altmühldorf Dietfurt seit Generationen zum Allgemeingut gehört. Das Dorf liegt an einer uralten Straße, auf der schon römische Soldaten von Süden her ins Limescastell Biriciana (Weißenburg) zogen und die Heere der deutschen Könige gen Rom; Dietfurt sah Kreuzfahrer, Diplomaten und Kaufleute auf dem Weg zwischen den beiden europäischen Handelsmetropolen Nürnberg und Augsburg. Und wenn man der mündlichen Überlieferung Glauben schenken mag, kam hier anno 1518 auch Martin Luther vorbei, gerade auf der Flucht aus Augsburg, wo er Cajetan Rede und Antwort über seine 95 Thesen hatte stehen müssen. Auf dem Rutzenhof, einem fünf Kilometer vor Dietfurt gelegenen Anwesen, das zwar abseits der heutigen B2, damals aber direkt an der Reichsstraße von Donauwörth nach Weißenburg lag, soll der Reformator übernachtet haben – eines der Häuser trägt dort jedenfalls bis heute den Namen „Lutherhäusl".

Tatsächlich lässt sich aus den verfügbaren Quellen rekonstruieren, dass Luther Augsburg in der Nacht vom 20. auf den 21. Oktober verließ, übrigens ebenfalls auf sagenumwobene Weise: Man hatte ihm heimlich eine Stadtmauerpforte geöffnet. Welche, weiß genau nur der Volksmund – es soll das Stephinger Tor am Gallusbergle gewesen sein, das „Da hinab". Luther erreichte nach einem Gewaltritt am nächsten Abend Monheim und ist am 23. Oktober in Nürnberg bezeugt. Lag dazwischen die Nacht auf dem Rutzenhof? Das ist sehr unwahrscheinlich, denn zwischen Monheim und Dietfurt liegen nur ein paar Kilometer, zwischen Dietfurt und Nürnberg dagegen über 50. Sollte Luther derart unstet gereist sein?

Nun besagt eine Überlieferung aus Monheim, Luther sei noch am Abend des 21. Oktober aus Sicherheitsgründen vom Grafen von Pappenheim in dessen Hoheitsgebiet geleitet worden – nämlich auf den Rutzenhof. So geht die Rechnung auf. Luther müsste demnach auf der Weiterreise nach Nürnberg noch ein weiteres Mal übernachtet haben. Vielleicht war's auch ganz anders. Allerdings - wenigstens eine Brotzeit wird er schon auf dem Rutzenhof gemacht haben,

Adressen

Unternesselbach liegt rund acht Kilometer östlich von Neustadt/Aisch.
Ev.-Luth. Pfarramt,
Unternesselbach 1,
91413 Neustadt/Aisch,
Tel. (09164) 246

Der Weiler Rutzenhof liegt etwa sechs Kilometer südlich von Treuchtlingen.
B2 Richtung Donauwörth, hinter Dietfurt rechts abbiegen.
Ev.-Luth. Pfarramt
Dietfurt, Kirchenbuck 2,
91757 Treuchtlingen,
Tel. (09142) 8516

Muggendorf liegt im Herzen der Fränkischen Schweiz.
Ev.-Luth. Pfarramt und
Dekanat Muggendorf,
Bayreuther Str. 6,
91346 Wiesenttal,
Tel. (09196) 327

Martin Luther, der am häufigsten bildlich dargestellte Deutsche

Die „Stille Wiese" in Muggendorf, die inzwischen zum bebauten Ortskern gehört, soll nach einer sagenhaften Überlieferung ihren Namen von einem Besuch Luthers haben

denn ganz freischwebend vergibt Volkes Stimme den Namen „Lutherhäusl" gewiss nicht.

Wollen wir dem Reformator noch bei einer weiteren Reise über die Schulter sehen. Diesmal rollt er im Wagen von Bayreuth her gegen Nürnberg und trifft just zum Kirchweihfest in Muggendorf in der Fränkischen Schweiz ein, wo sogleich der ausgelassene Rummel einer tiefen Stille weicht, als Luther auf freier Flur zum Volk predigt. Zurück bleiben sein Begleiter Johann Blümlein als erster evangelischer Pfarrer von Muggendorf und, bis heute, der Flurname „Stille Wiese". Ein Heimatdichter hat den Vorgang gar in Versform gebracht: „Und stille wird´s mit einem Male,/ wird immer stiller ringsherum,/ denn von der Wahrheit Himmelsstrahle/ berühret stehen alle stumm./Der Reformator ist´s, sie sehen/ des großen Luthers Kraftgestalt,/ aus seines Geistes milden Wehen/ spricht ernst die göttliche Gewalt..."

1540 soll all das gewesen sein, und deshalb müssen wir diesmal passen: Nach 1521 hat Luther Sachsen definitiv nicht mehr verlassen. Die Geschichte ist trotzdem schön, übrigens auch die aus dem benachbarten Oberailsfeld: Auch dort soll Luther gepredigt haben, bei Herannahen der (bambergischen) Waischenfelder Reiter aber, gewarnt von einem alten Weiblein, schleunigst das Weite gesucht haben.

Beide Erzählungen entpuppen sich beim genauen Hinsehen als Fiktion – genauso wie einige der schönsten Luther-Geschichten. Der Thesenanschlag an der Schlosskirche zu Wittenberg? Der heroische Satz „Hier stehe ich, ich kann nicht anders" vor dem Kaiser zu Worms? Den Spruch vom Apfelbäumlein, das man pflanzen solle, wenn morgen die Welt unterginge?

„...und ist alles net wahr!" sagt Johann Nestroy. Aber schöner als die Wirklichkeit. Mit Ausnahme des Apfelbäumleins: Die Pflanzempfehlung stammt aus dem Jahr 1944.

Thomas Greif

Literaturtipps

Heinz Büttner:
Sagen, Legenden und Geschichten aus der Fränkischen Schweiz. Erlangen 1988

Venezianer am Bodensee

Vom Kirchenstreit zum Kirchenfest: Impressionen aus der Lindauer (Kirchen-)Geschichte

Lindaus evangelische Geschichte ist weniger aufregend als evangelische Geschichte anderswo. Dennoch prägt sie das heutige Stadtbild und das Bewusstsein der Menschen. Vor allem zeigt die wechselvolle Geschichte, wie sehr die Stadt seit jeher – schon aufgrund ihrer geografisch einmaligen Lage – eine Sonderstellung innehatte.

„Lindau hoch, wie beglückst du doch" singen und tanzen die Kinder beim Kinderfest. Ein Brunnen am Rathaus erinnert an das Fest, bei dem die Kinder eine Tasche mit Getränken und dem traditionellen Gebäck „Butschelle" erhält

Lindau gestern und heute: Auf dem Ölgemälde eines unbekannten Meisters aus dem 16. Jahrhundert (links) ist die Stadt noch eine kleine Ortschaft. Wo früher Weinreben gezüchtet wurden, befinden sich heute Häuser und Bahnhof

Lindenholz ist weich und zäh, elastisch und widerstandsfähig zugleich. Dass das Stadtwappen der Stadt Lindau am Bodensee eine Linde ziert, geschieht nicht von ungefähr – die Menschen sind aus dem gleichen Holz geschnitzt. Ihre Geschichten und Traditionen sind so schön wie die herzförmigen Blätter und gelben Blüten, die der Wind durch die schmalen Gassen trägt.

Den Beginn des Protestantismus in Lindau datieren Geschichtsschreiber auf 1523. Damals beginnt der Barfüßermönch Michael Hug, über Lutherschriften zu predigen. Mutig legt er sich mit Johannes Faber an, dem Pfarrherrn von St. Stephan: Dessen Lehren bezeichnet Hug als Eselssagen und schimpft ihn einen Stocknarren, der die „Wahrheit nit geprediget noch geleret" hat. Faber will sich Hugs Schmähworte nicht gefallen lassen und fordert den Rat auf, Hug zu verhaften und einem geistlichen Gericht zu überantworten. Dieser kommt Fabers Wunsch nicht entgegen. Viele Jahre dauert der Zwist zwischen Faber und dem Rat der Reichsstadt, der die offene Auseinandersetzung meidet. Im Jahr 1524 entscheidet sich die Stadt für die Reformation.

Thomas Gassner, der dem an der Pest verstorbenen Hug folgt, wird der eigentliche Reformator der Stadt: Im März 1525 reicht er zum ersten Mal das Abendmahl in beiderlei Gestalt in der Stephanskirche, zwei Jahre später wird eine Gottesdienstordnung eingerichtet, die neben der Predigt auch dem Gesang eine besondere Rolle zuspricht. Nun führt Lindau erst recht

Kaum verändert hat sich der Blick auf Hafen und Bodensee mit dem berühmten steinernen Löwen

ein Inseldasein, denn die gesamte Umgebung bleibt katholisch.

Die Bauernkriege, die im ganzen Land wüten, können den Insulanern kaum etwas anhaben. Große soziale Not gibt es nicht, schließlich verfügen die Lindauer über gute Handelsbeziehungen nach Italien, Konstanz, Überlingen, Schaffhausen und Radolfzell. Gehandelt wird Korn und Salz, Tuch und Leinwand, aber auch Wein, der auf der Insel angebaut wird. 1511 leben in Lindau rund 2100 Menschen, im Jahr 1570 sind es mit 3000 nur wenige mehr.

Dass die Menschen aus Lindau aus besonderem Holz geschnitzt sind, zeigen auch die Ereignisse im Jahr 1530, als Karl V. den Reichstag in Augsburg zusammenruft. Lindau unterzeichnet nicht, wie die meisten evangelischen Fürsten und Städte, die „Confessio Augustana", die Philipp Melanchthon für die Anhänger Martin Luthers verfasst hat, sondern legt zusammen mit Straßburg, Konstanz und Memmingen die so genannte »Confessio Tetrapolitana« vor. Sie unterscheidet sich vor allem im Abendmahlsverständnis, das dem Schweizer Reformator Huldrych Zwingli folgt. Während Zwingli das Abendmahl als reines Gedächtnismahl an das einmalige Opfer Christi begreift, ist für Luther Christus in Brot und Wein „geheimnisvoll gegenwärtig".

Karl V. reagiert höchst unwillig auf die „Tetrapolitana". Einen Tag lang lässt er die Gesandten der vier Städte, die das wertvolle Dokument überreichen wollen, in seinem Vorzimmer auf eine Audienz warten. Schließlich bleibt ihnen nichts anderes übrig, als das Dokument am kommenden Tag auszuhändigen. Wütend erklärt der Kaiser, er wolle lieber sein Leben lassen, als den Ungehorsam dieser Städte zu dulden.

Lindau bleibt bei seinem Bekenntnis, und somit wird die Stadt in der Folgezeit streng zwinglianisch ausgerichtet. Im Juni 1530 kommt es zu einem Bildersturm, bei dem die Gemälde aus den Kirchen entfernt und verbrannt werden. Um den Restitutionsforderungen des Kaisers entgegenzutreten, tritt Lindau dem Schmalkadischen Bund bei. Erst im Verlauf der nun folgenden Kriege akzeptiert Lindau 1532 die Confessio Augustana als konfessionelle Grundlage.

Adressen

Tourist-Information, Ludwigstr. 68 (am Bahnhof), 88103 Lindau, Tel. (08382) 260030, E-Mail: info@prolindau.de, Internet: www.lindau-tourismus.de.

Informationen über das Kinderfest beim Festausschuss, In der Hofstatt 5, Tel. (08382) 944444, Internet: www.kinderfest-lindau.de

Ev.-Luth. Kirchengemeinde St. Stephan, Fischergasse 29, Tel. (08382) 3344, E-Mail st.stephan.lindau@t-online.de, Internet: www.lindau-evangelisch.de

Einen Ehrenplatz an der Rathaus-Fassade hat Valentin Heider, Lindaus prominentester Sohn

Der Reformation verdankt Lindau viele Änderungen. So werden Kirchenbücher eingeführt, die Ausbildung der Pfarrer wird verbessert, das Kirchenwesen professionalisiert. Oft geht die Stadt Sonderwege. Als beispielsweise eine „Zuchtordnung" eingeführt wird, fügt der Rat einen Abschnitt „von der lesterung gottes" ein. Am 9. März 1555 wird schließlich erstmals ein Gottesdienst nach der lutherischen Agende gefeiert. Dass Lindau vorhandene politische Freiheiten über den Dreißigjährigen Krieg hinwegrettet, verdankt die Stadt Valentin Heider, der wohl bekanntesten historischen Persönlichkeit Lindaus. Als Jurist reist er 1645 nach Osnabrück zum westfälischen Friedenskongress. Dank seines Verhandlungsgeschicks gelangt Lindau nicht in die Herrschaft von Österreich und kann die religiöse und politische Gleichberechtigung der beiden Konfessionen erhalten.

Als Heider 1651 nach Lindau zurückkehrt, sorgt er für Zucht und Ordnung und führt 1655 Schulpredigten ein. Aus diesen geht das Kinderfest hervor, das jährlich gefeiert wird. Mit Kindern hat Heider selbst wenig Glück: Von den insgesamt 19 Kindern, die er mit zwei Ehefrauen hatte, überleben nur sechs. Die Kinderfeste haben eine feste Tradition: Nach den Schulgottesdiensten wandern die Kinder zum Rathaus. Nach einer ermahnende Rede der Oberbürgermeisterin und dem Singen des Lindauer Lieds ziehen die Kinder in ihre Stadtteile. Dort erhalten sie eine Tasche, die mit dem Rosinengebäck »Butschelle« und Getränken gefüllt ist. Am Nachmittag spielen Erwachsene und Kinder gemeinsam.

Das Insel-Dasein ist den Lindauern indes nur im geografischen Sinne geblieben. Den Bodensee-Kirchentag feiern die Reformierten und Lutheraner zusammen, die Sportvereine orientieren sich ins Württembergische, die Speisen nehmen Anleihen in der Schweiz und in Italien, und wer die Lindauer „Allgäuer" nennt, wird freundlich darauf hingewiesen, dass sie sich als „Alemannen" verstehen. So ist der Lindauer: weich und zäh, elastisch und widerstandsfähig zugleich.

Rieke C. Harmsen

Literaturtipps

Kulturamt der Stadt Lindau (Hg.): Die Reformation in den Reichsstädten Lindau und Konstanz. Lindau 1983

Ev.-Luth. Kirchengemeinde St. Stephan (Hg.): 450 Jahre Reformation in Lindau. Lindau 1978

Das fränkische Friedensdorf

Meeders Choradstanten und das Friedensdankfest: Tradition seit dreieinhalb Jahrhunderten

„Hier hat der Frieden sein Fest" – die fränkische Gemeinde Meeder pflegt seit über 350 Jahren die Tradition des Friedendanks. Jedes Jahr am Sonntag nach Sebaldi in der zweiten Augusthälfte wird gefeiert.

Eine Jahreszahl mit Symbolcharakter: Das Schild am Gasthaus zum Schwan auf dem Marktplatz von Meeder verweist auf das Jahr nach Abschluss des Westfälischen Friedens. Im Hintergrund die evangelische St.-Laurentius-Kirche

Ein ehemaliger Stahlhelm wurde zur Schöpfkelle, aus dem Metall einer russischen Fernlenkrakete entstand ein Spaten: Vor dem Friedensmuseum präsentieren Pfarrer Steffen Lübke (links) und Kirchenvorsteher Hartmut Eckardt zwei der Ausstellungsstücke

Der »richtige« Frieden kam mit Verspätung. In dreißig Jahren waren feindliche wie befreundete Truppen marodierend durch das Coburgische Land gezogen. Nach dem Friedensschluss von 1648 waren es erneut Trupps von Landsknechten, die auf ihrem Rückzug die verwüsteten Dörfer auf ihrem Weg nochmals plünderten. Erst im Juni 1650, nach dem so genannten Reichs-Exekutions-Rezess von Nürnberg, war der Krieg auch für das Herzogtum vorbei, das einst Martin Luther Zuflucht gewährt hatte.

Der Nürnberger Vertrag löste eine regelrechte Welle von Denkfesten aus: Landauf, landab wurden bis zum Ende des Jahres an die 70 große Festivitäten organisiert. Nicht von ungefähr hatte wohl der Coburger Herzog Friedrich Wilhelm II. den Namenstag des Nürnberger Schutzpatrons Sebaldus als Termin für das künftig alljährlich abzuhaltende Friedensdankfest in seinem Fürstentum festgelegt. „In sehr volkreicher Versammlung mit sonderbaren Solemnitäten und vielen Freudentränen", berichtet der Chronist Michael Franck, wurde am 19. August 1650 das erste Friedensdankfest im Fürstentum begangen.

Von Beginn an spielte der Marktflecken Meeder in dieser Tradition eine besondere Rolle. In der „Urpfarrei" des Coburger Landes, die einst zum Kloster im thüringischen Veilsdorf gehört hatte, begann der evangelische Pfarrer Caspar Friedrich Nachtenhöfer gar eine neue Zeitrechnung: Er zählte 1650 als das „Jahr eins" in der neuen Nachkriegsära.

Das Schicksal fast aller Traditionen ereilte auch das Friedensfest. War es anfangs herzogliche „Chefsache" (in jedem Jahr gab es Erlasse aus dem Fürstenhaus), übernahm später die Coburger Landeskirche die Aufrufe. 1871 lief der Sedanstag dem alten Friedensfest den Rang ab, und nach dem Ersten Weltkrieg wurde der Begriff Frieden im deutsch-nationalistischen Vokabular mit Schmach und Schande gleichgesetzt. Gleichwohl: In Meeder blieb der Sonntag nach Sebaldi der örtliche Friedensfeiertag.

Dass er die Jahrhunderte überdauerte, ist den Choradstanten von Meeder zu verdanken. Die – allesamt männlichen – Mitglieder des evangelischen Kirchenchors hatten den Friedensdank schon frühzeitig zu »ihrem« Fest gemacht. Als Lohn für ihren Gesang bei Gottesdiensten, Taufen, Hochzeiten und Beerdigungen erhalten sie nach alter Sitte an dem feierlichen Sonntag einen Festtrunk und ein Festessen. Von Generation zu Generation wurde zugleich die geschichtliche Bedeutung des Tages weiter vererbt. »354 Jahre – das wiegt gewaltig«, sagt Hartmut Eckardt, einer der heute 24 aktiven Choradstanten und seit 1974 im Kirchenvorstand. Die Sänger fühlen sich ihren Vorfahren verpflichtet, auch wenn sich für die Berufstätigen unter ihnen der musikalische Dienst nicht immer mit der Arbeit vereinbaren lässt. Besonders bewegend empfand Eckardt die Öffnung der nahe gelegenen Grenze zur damaligen DDR: „Jahrelang hatten wir gebetet, ohne Grenzen zu leben – und dann ist es einfach geschehen…"

Auch der schlimmsten Zeit trotzten die Choradstanten nach Kräften. Bis 1941 bereiteten sie das Friedensfest mit vor. Danach war der Chor wegen des Kriegseinsatzes nicht mehr singfähig. Als die Nationalsozialisten dem Meederer Pfarrer Werner Pürckhauer „Friedenshetze" vorwarfen, rissen Schulkinder aus der Altarbibel einige Seiten heraus; in Meeder teilen sich die Meinungen, ob es dafür politische Hintergründe gab oder ob es sich nur um eine pubertäre Revanche für eher autoritären Religionsunterricht handelte. Und 1944 blieb das einzige Jahr, in dem das Friedensfest in Meeder nicht in würdiger Form stattfinden konnte – die gesamte kirchliche Region um Rodach hatte nur noch einen einzigen Pfarrer.

Alle zehn Jahre (letztmals 2001) wird in Meeder ein großes Historienspektakel aufgeführt, das an die Drangsal des Dreißigjährigen Krieges erinnert

Adressen

Ev.-Luth. Kirchengemeinde Meeder mit Friedensmuseum, Schlosshof 2, 96484 Meeder, Tel. (09566) 80188, E-Mail pfarramt.meeder@elkb.de, Internet www.friedens-dank.de
Besichtigung nur nach Voranmeldung.

Tourismus und Congress Service Coburg, Herrngasse 4, 96450 Coburg, Tel. (09561) 7418-0, E-Mail info@coburg-tourist.de, Internet www.coburg-tourist.de

1650 fand im Coburger Land erstmals das Friedensfest statt. „In steter dankbarlicher Erinnerung" berichtete im Jahr darauf Michael Franck erstmals über das Fest

Coburgisches
Friedens-Danck-Fest
in sehr Volckreicher Versamlung mit sonderbaren
solennitäten und vielen FreüdenThränen
gehalten am Tage
SEBALDI,
war der 19. Tag des AugustMonats/
Im Jahr nach Christi Geburt
1650.
Zuförderst GOTT im Himmel zu schuldigem Lob/ Preiß und Ehren auffgesetzet
und dann
Zu steter danckbarlicher Erinnerung und immerwährendem Gedächtnüß/uff vieler Christlichen Hertzen vielfältiges anhalten an den Tag gegeben
Durch
Michael Francken von Schleüsingen/
jetzo bey der StadSchul zu Coburgk Mitarbeitern.
In Verlegung des Autoris
Druckts in der Fürstl. Buchdruckerey Johann Eyrich/
Im Jahr Christi 1651.

Seit 1971 ist das Friedensdankfest wieder eine Sache des ganzen Coburger Landes. Alle zehn Jahre wird es als überregionaler und mittlerweile auch konfessionsverbindender Festtag begangen. Die Tradition bekam in den 1980ern neue Dynamik, als sich die evangelische Gemeinde engagiert in die Diskussion um Aufrüstung und Ostpolitik einbrachte. Belohnt wurde ihr Beitrag „Frieden stiften über Grenzen und Ideologien" 1982 mit einer Auszeichnung der Stiftung Theodor-Heuss-Preis.

Noch im gleichen Jahr eröffnete die Kirchengemeinde ihr Friedensmuseum. Das alte Schulhaus neben der St.-Laurentius-Kirche beherbergt eine umfangreiche Sammlung von Dokumenten und Ausstellungsstücken, die einen ungewöhnlichen Blick auf die Geschichte verschiedener Friedensbewegungen vor allem des 20. Jahrhunderts ermöglichen.

Ebenso kurios wie bewegend sind die Beispiele von Kriegsgerät, das zu „Friedenszeichen" mutierte: der Stahlhelm, der zur Schöpfkelle für Altöl umfunktioniert wurde, oder das Brautkleid, das 1946 aus der Seide eines Militärfallschirms geschneidert wurde. Beeindruckend auch, was Besucher in die Gästebücher des Museums notierten: „Schlimm genug, dass der Frieden ein Museum braucht", heißt es da. Und Pfarrer Steffen Lübke, der sich vor zwei Jahren die Gemeinde wegen ihrer Friedenstradition als neuen Dienstort aussuchte, entdeckte in einer ganz neuen Eintragung das „gute alte Peace-Zeichen", gemalt von Schülerhand.

Übrigens: Auch im Alltag macht das „Friedensdorf" Meeder seinem Beinamen alle Ehre. An jedem Donnerstag um 19.30 Uhr läuten die Glocken zum Friedensgebet. Seit es vor gut 20 Jahren eingeführt wurde, ist es noch nie ausgefallen.

Wolfgang Lammel

Literaturtipps

Friedensausschuss der Gemeinde Meeder (Hg.): Coburger Friedensbuch. Meeder 2001

Christian Frühwald: Den Frieden feiern. Gemeindeaufbau zwischen biblischem Leitmotiv und Fest. Hamburg 2002

Zwölf Artikel und eine „demütig Bitt"

Reformation und der Kampf um Menschenrechte: die evangelische Reichsstadt Memmingen

Im Kramerzunfthaus der evangelischen Reichsstadt Memmingen entwarfen der Stadtpfarrer und sein Laien-Prediger für die aufständischen Bauernhaufen ein Manifest der Menschlichkeit. Die „Zwölf Artikel" gelten als ein Urahn moderner Menschenrechtserklärungen.

Der Schlüsselbund ist bei Gemeindediakon Heinz Jung ein ganzer Beutel. Über zwanzig Zentimeter misst allein der Schlüssel für das Haupttor der mächtigen Martinskirche in Memmingen. Wie der große Schlüssel weist die Kirche, die wie ein steinernes Schiff das Stadtbild von Memmingen prägt, weit zurück in die Geschichte. Bedeutende Kunstwerke, allen voran das filigran geschnitzte Chorgestühl aus den Anfängen des 16. Jahrhunderts, locken jährlich rund 23.000 Touristen aus aller Welt in die Kirche, die in der Reformationszeit eine große Rolle spielte und bis heute das Leben der Evangelischen in Memmingen prägt.

Die spätgotische Martinskirche steht auf uraltem Siedlungsgrund. Unter dem Südschiff der über 74 Meter langen Basilika finden sich Reste eines

Der Marktplatz von Memmingen

Der Kirchturm von St. Martin prägt das Memminger Stadtbild

spätrömischen Bauwerks, im Mittelalter soll eine Kapelle Vorläufer der heutigen Kirche gewesen sein. Im achten Jahrhundert wurde aus der kleinen alemannischen Dorfsiedlung ein fränkischer „Königshof", der später an die Welfen-Herzöge überging. 1158 begründete Herzog Welf VI. aus dem Geschlecht der baierischen Herzöge dort eine Stadt. St. Martin wurde zur „Welfenbasilika". Im 14. und 15. Jahrhundert erlebte Memmingen seine politische und kulturelle Blütezeit: Der Handel und die Stoffproduktion sorgten für Arbeitsplätze und Wohlstand, Memminger Kaufleute standen in Handelsbeziehungen mit Italien, Frankreich und Spanien und ließen bereits Anfang des 16. Jahrhunderts Schiffe nach Übersee laufen.

Der wirtschaftliche Aufschwung zog immer mehr Menschen in die Stadtmauern. Die alte Kirche wurde schnell zu klein und in mehreren Bauabschnitten zum Ende des 15. Jahrhunderts ständig erweitert. Anfang des 16. Jahrhunderts entstand das kunstvoll ausgearbeitete Chorgestühl, bis heute das herausragendste Kunstwerk der Stadt. Die 66 Plastiken stellen Apostel und Propheten, aber auch die Stifter und Honoratioren der damaligen Oberschicht in zeitgenössischer Kleidung dar.

Diese selbstbewusste Bürgerschicht öffnete sich, wie in anderen freien Reichsstädten, schnell der neuen Lehre Martin Luthers. Ab 1524 predigte der Schweizer Theologe Christoph Schappeler aus St. Gallen in der St.-Martinskirche evangelisch, an Weihnachten 1524 lieferten sich die Evangelischen handfeste Auseinandersetzungen mit altgläubigen katholischen Priestern.

Um diese religiösen Streitigkeiten nicht weiter eskalieren zu lassen, ordnete der Rat der Stadt ein Jahr später ein Religionsgespräch zwischen den beiden Parteien an. Dabei setzte sich der wortgewaltige Schappeler durch, und die Reformation hielt in Memmingen Einzug. Theologisch richteten sich die Memminger zuerst an dem Schweizer Reformator Zwingli aus. 1529 gehörte die freie Reichsstadt auf dem Reichstag von Speyer zu den Protestierenden Reichsständen. Ein Jahr später auf dem berühmten Reichstag in

Augsburg trat Memmingen zusammen mit den Städten Straßburg, Lindau und Konstanz mit einem eigenen zwinglianischen Bekenntnis, der „Confessio Tetrapolitana", hervor. 1532 entschied sich dann aber auch Memmingen für die „Confessio Augustana".

Über seine Bedeutung für die Einführung der Reformation in Schwaben hinaus, war Memmingen in dieser Zeit auch ein umkämpftes Zentrum des Bauernkriegs. Schon seit geraumer Zeit gärte es in den Dörfern Oberschwabens und der Bodensee-Region. Die traditions- und selbstbewussten Bauern liefen immer massiver dagegen an, dass ihnen Adel und Fürsten ihre alten, angestammten Rechte nahmen. Willkürlich und mit schierer Gewalt erpressten die Adeligen und Klöster von den Bauern immer größere Abgaben und Frondienste. Wenn ein Bauer etwa wegen einer schlechten Ernte diese Forderungen nicht ausreichend erfüllen konnte, wurde ihm das letzte Stück Vieh aus dem Stall getrieben. Die Familie verlor von einem Tag auf den anderen Haus und Hab und geriet unvermittelt an den Bettelstab.

In dieser bedrückenden Situation war die Reformation, die ja die Gleichheit aller Menschen vor Gott postulierte, der letzte Funke. Die Bauern organisierten sich in bewaffneten „Haufen", um ihre Rechte einzufordern. Bei Ulm bildete sich der „Baltringer Haufen", der bald 10000 Mann zählte. Im Bodensee-Raum taten sich die Bauern zu einer Streitmacht zusammen, und in Sonthofen bildete sich die bäuerliche „Christliche Vereinigung", die einander und dem „heiligen Evangelio" beistehen wollte.

Um ihre Aktionen zu koordinieren und ein gemeinsames Manifest zu entwerfen, kamen Vertreter dieser bäuerlichen Vereinigungen im März 1525 im Memminger Kramerzunfthaus zusammen. Pfarrer Schappeler und der evangelische Laien-Prediger Sebastian Lotzer formulierten die „Zwölf Artikel" der Bauernschaft, eine anrührende erste Erklärung der Menschenrechte. In moderaten Worten

Adressen

Stadtinformation,
Marktplatz 3,
87700 Memmingen,
Tel. (08331) 850-172
E-Mail: info@memmingen.de,
Internet www.memmingen.de

Ev.-Luth. Pfarramt
St. Martin,
Zangmeisterstr. 13,
Tel. (08331) 856920,
E-Mail pfarramt.stmartin.mm@elkb.de,
Internet www.stmartin-memmingen.de

Christoph Schappeler aus St. Gallen war der Reformator Memmingens

Über 20.000 Besucher kommen jedes Jahr nach St. Martin. Die 66 Plastiken des filigranen Chorgestühls stellen Apostel und Propheten, Stifter und Honoratioren der evangelischen Oberschicht des mittelalterlichen Memmingen dar

und sichtlich auf Ausgleich und Kompromiss bedacht, verlangten die Artikel in »demütig Bitt« die freie Wahl der Pfarrer, eine angemessene Festsetzung des „Zehnten", die Aufhebung der Leibeigenschaft, da „uns Christus all mit seinem kostbarlichen Blutvergüßen erlöst und erkauft hat", die freie Ausübung der Jagd, Zugang zu Wald und Wasser und die Vererbbarkeit der Höfe und den Schutz von Witwen und Waisen.

Zu einer erhofften vertraglichen Einigung mit der adeligen Obrigkeit führten die „Zwölf Artikel", die mit 25 Drucken die meist gelesene Schrift des Bauernkriegs war, jedoch nicht. Im Auftrag der Fürsten und Grafen schlug Georg von Waldburg, der „Bauernjörg", die Aufstände mit rigoroser Brutalität nieder und brachte ein furchtbares Blutgericht über die Bauern, von dem auch Memmingen nicht verschont wurde. 200 Reiter und 700 Landsknechte zogen in die Stadt ein und trieben die „Aufrüher" aus den Häusern, von denen viele sofort hingerichtet wurden. Versteckt in einem Mistwagen gelang Pfarrer Schappeler die Flucht.

Die Besetzung der Stadt durch die Truppen des „Schwäbischen Bundes" führte zwischenzeitlich zu einer Eindämmung der reformatorischen Bewegung, ohne sie jedoch völlig unterdrücken zu können. 1530 bekannten sich die Memmminger in einer Art Volksabstimmung zum evangelischen Glauben.

Später überstanden die Evangelischen in Memmingen auch den Dreißigjährigen Krieg, in dem die Stadt vier Mal belagert wurde und wiederum Schauplatz der großen Politik war: 1630 wurde der kaiserliche General Wallenstein bei seinem monatelangen Aufenthalt in Memmingen seines Amtes enthoben, zwei Jahre später nahm der Schwedenkönig Gustav II. Adolf Quartier in Memmingen. Über die Jahrhunderte ist die Martinskirche Symbol und Zentrum der Evangelischen in Memmingen geblieben. Ehrenamtliche „Kirchenwächter" sorgen dafür, dass die Kirche tagsüber mit ihren wertvollen Kunstschätzen den Besuchern offen ist, in der bürgerlichen Tradition engagieren sich die Memminger mit Stiftungen und Spenden für ihre Kirche.

Achim Schmid

Literaturtipp

Joachim Jahn et al (Hg.): Die Geschichte der Stadt Memmingen. Band 1: Von den Anfängen bis zum Ende der Freien Reichsstadt. Stuttgart 1997; Band 2: Vom Neubeginn im Königreich Bayern bis 1945. Stuttgart 2001

Michael Wassermann, Dieter Breuksch: Als die Bauern von der Freiheit träumten. Die Geschichte der 12 Bauernartikel. Memmingen 2000

Die Schwalbe suchte sich ein Nest

Von Nymphenburg bis zum Landeskirchenamt: Unterwegs in München

Sind die Evangelischen in München angekommen? Erst vor zweihundert Jahren, und inzwischen sind sie so viele, dass München die an Einwohnern größte Stadt der Protestanten in Bayern ist. Doch nur wenige anschauliche Spuren zeugen von der bewegten Geschichte.

Der Herr Vizepräsident der Schlösserverwaltung hat höchstpersönlich die Schlüsselgewalt über diesen Saal im Schloss Nymphenburg, der eigentlich nicht zugänglich ist. Nun aber dürfen wir – ausnahmsweise – hinein und sind bereit zur Zeitreise. Wir, das sind der Restaurationsarchitekt Ernst Götz, der durch zähe Neugierde die historische Besonderheit dieses Ortes überhaupt erst herausgefunden hat; Stadtdekanin Barbara Kittelberger, die wissen will, „wo es begann", und ein paar weitere, die an der Geschichte der Protestanten in München interessiert sind.

Die hohen Fenster sind mit Holzläden verrammelt, Möbel, die nicht hierher gehören, verstellen den Weg; sonst aber ist alles „original 1777". Ein 16 mal acht Meter großer Raum, ein Marmorkamin, zwei Stucköfen, an der Decke

Die alte Matthäuskirche, die auf Hitlers Geheiß 1938 abgerissen wurde

Durch die Tür dort hinten links trat die Kurfürstin ein, und dann begann – es war der 12. Mai 1799 – in diesem „Grünen Saal" (der heute unzugänglich ist), im Schloss Nymphenburg der erste evangelische Gottesdienst seit der Reformation

dezente Stuckierung. Von Spanntüchern an den Wänden blicken, zartgrün auf weiß gezeichnet, mythologische Figuren auf uns: der Leierspieler Arion auf dem Delphin, Bacchus und Ariadne, Ganymed und Hermes. Der „Grüne Saal", einst Speisesaal der Cavaliere.

Augen zu und wieder auf zur Zeitreise: Es ist Sonntag, der 12. Mai 1799, die Fenster sind weit auf, auch die beiden Zugänge. 150 Menschen, Kammerzofen und -diener, Offiziere, Beamte drängen herein. Ernst blickt Hermes, der Gott der Händler und Gauner, auf ein verändertes Arrangement: Der Speisetisch ist beiseite geräumt; ein einfach gezimmertes Stehpult ist aufgebaut, das mit einem rotsamtenen Tuch mit goldenen Borten geschmückt ist.

Jetzt tritt – durch einen eigenen Zugang direkt aus ihren Privatgemächern – die Kurfürstin auf: Caroline, 23 Jahre jung und - nun ja - sehr schön. Frisch verheiratet mit einem 20 Jahre älteren Gatten, der „ganz verrückt nach ihr ist" und dem sie in einem Ehevertrag einiges diktiert hat, zum Beispiel das Recht auf einen eigenen Kabinettsprediger.

Und nun, 10 Uhr morgens, womöglich also zur selben Zeit, da drüben in der Schlosskapelle im Nordflügel die katholische Messe zusammen mit Kurfürst Max Joseph gefeiert wird, findet hier im „Grünen Saal", improvisiert und doch von höchster Stelle gewollt, der erste evangelische Gottesdienst seit der Reformation in München statt. Kabinettsprediger Ludwig Friedrich Schmidt, wie die Prinzessin aus Baden, legt einen Vers aus dem 84. Psalm zugrunde: „Der Vogel hat ein Haus gefunden und die Schwalbe ihr Nest: deine Altäre, Herr Zebaoth".

An diesem Sonntagvormittag ist die Zeitenwende in Kurbayern förmlich zu greifen. Es ist seit 1522, von drei Flecken in der Peripherie abgesehen, ein zutiefst katholisches Land. Wohl gärte anfangs die Reformation sehr, und München wäre, davon ist der Münchner Kirchenhistoriker Armin Rudi Kitzmann überzeugt, eine protestantische Stadt geworden, wenn die Fürsten es zugelassen hätten. Der Augustiner Johann von Staupitz, Luthers Freund, hatte viel Zulauf, lutherische Psalmen wurden im Wettstreit gegen Marienlieder gesungen, ein Hofkapellmeister war aufrecht protestantisch. Doch 1575 ist München protestantenfrei. Gleich neben dem lutherfreundlichen Augustinerkloster wurde mit der Michaelskirche und dem Jesuiten-Kolleg ein antireformatorischer Sperrriegel gesetzt, in der Fassade der Kirche Erzengel Michael, der den Satan ersticht. Das ist der Triumph der katholischen Kirche über die protestantische Irrlehre, und es ist eine Merkwürdigkeit Münchens, dass die protestantische Spurensuche ausgerechnet hier einsetzt.

Katholizismus war Staatsreligion, der Protestantismus wurde über hunderte von Jahren bis zu jenem Sonntagvormittag im Mai 1799 bekämpft. Rudi Kitzmann, Pfarrer und Religionslehrer, der wie kein zweiter sich um die Geschichte der Protestanten in München gekümmert und dazu Bücher geschrieben hat, beginnt seinen evangelischen Stadtrundgang richtigerweise am Denkmal Max IV. Joseph. Der Pfälzer aus der Zweibrückener Linie des Wittelsbacher Hauses zog 1799 auf, brachte einen Kanzler Montgelas mit, der aus Bayern einen modernen Staat machte. Vor allem einen religionstoleranten, was die Voraussetzung war, um ein Königreich von Napoleons Gnaden zu werden. 1801 aber sollte in München – Caroline folgend – der erste Protestant Stadtrecht erhalten, der Mannheimer Weinwirt und Pferdehändler Johann Balthasar Michel. Der Kurfürst musste allerdings erst eine handgeschriebene Anordnung erlassen, um gegen einen sich sträubenden Magistrat das Stadtrecht und damit Glaubensfreiheit und Toleranz durchzusetzen.

Stummer Zeuge dieser Zeit ist die ziemlich unauffällige Grabtafel des ersten protestantischen Bürgers Kurbayerns auf dem Münchner Südfriedhof.

Gleichberechtigung der Konfessionen als Detail-Motiv: Der Historiker Rudi Kitzmann vor dem Max I. Joseph-Denkmal

Adressen

Städtisches Amt für Tourismus Sendlinger Str. 1, 80331 München, Tel. (089) 23396500, E-Mail tourismus@muenchen.de, Internet www.muenchen.de

Ev.-Luth. Dekanat München, Gabelsberger Str. 6, 80333 München, Tel. (089) 28661900, E-Mail dekanat-muc@elkb.de, Internet www.muenchen-evangelisch.de

An der katholischen St. Michaelskirche: Erzengel Michael besiegt den protestantischen Satan

Die protestantischen Schwalben wurden mehr und mehr und suchten – flatterhaft – ein Nest, eine Heimat für Zugezogene aus der Pfalz, Württemberg, Franken, Elsass. Vom klassizistisch prunkvollen Betsaal in Nymphenburg zogen sie in den Ballsaal der Residenz (den es heute nicht mehr gibt), 1806 - nun schon Stadtgemeinde von 1200 Seelen – bezogen sie – auf Zeit – die Salvatorkirche (heute orthodox). Dann aber, 20 Jahre später, nun unter dem antiprotestantisch eingestellten Ludwig I., brauchen und planen die Protestanten endlich eine eigene Kirche. Der königliche Baumeister Karl Leo von Klenze legt einen großartigen, der Gemeinde leider zu teueren Entwurf vor. An dieser Stelle müssen wir tief Luft holen und in den Irrealis verfallen: Eine protestantische Kathedrale von Klenze, stünde sie heute noch, übrigens innenstadtnah geplant, wäre ein Markenzeichen der Münchner Evangelischen.

Die billigere, von Baurat Johann Nepomuk Pertsch gebaute Matthäuskirche, 1833 eingeweiht, steht schon lang nicht mehr. Auf Hitlers Wunsch (!) wurde sie 1938 abgerissen, weil sie seinen Bauplänen im Weg stand. Kitzmann ist sich sicher, dass Hitler tatsächlich Rache nahm für eine politische Niederlage, die ihm die bayerischen Protestanten zugefügt hatte. Hitlers Idee einer deutschnationalen Reichskirche scheiterte 1934 in München; das Landeskirchenamt, wo Bischof Hans Meiser unter Arrest gestellt war, wurde zum evangelischen Wallfahrtsort, bis Hitler nachgeben musste. Der Balkon, von dem Meiser die Demonstranten aus ganz Bayern, vor allem aus Franken grüßte, ist damit ein symbolhafter Ort protestantischer Geschichte in München.

Nach dem Abriss von Matthäus war die protestantische Schwalbe, jedenfalls die Gemeinde, wieder ohne Nest. Im freilich viel zu kleinen „weißen Saal" des Augustiner-Klosters, mitten in der Stadt, fand sie vorübergehend

Da taucht das Wort »evangelisch« im Inventarverzeichnis von Schloss Nymphenburg erstmals auf: „1 Rotsameter Tepich mit goldnen borten, so zur Kanzl in der evangelisch Kirch gebraucht"

Unterschlupf; heute bedauert man, dass dieses protestantische Domizil mitten in der Stadt wieder geräumt wurde.

Die neue Matthäus-Kirche, Bischofskirche, 1955 eingeweiht, ist ein bis heute beeindruckender Bau des bedeutenden Architekten Gustav Gsaenger. Doch eine andere evangelische Kirche, St. Lukas, ein Bau des Historismus von 1896, ist mit ihrer riesigen, die Stadtsilhouette von der Isar her dominierenden Kuppel eines der Wahrzeichen Münchens geworden. Sehenswert ist auch die Erlöserkirche, im reinen Jugendstil.

Auf protestantischer Spurensuche: Kitzmann beklagt eine gewisse Geschichtslosigkeit des Münchner evangelischen Publikums. Götz, der „Entdecker" des Nymphenburger Betsaales, wundert sich, dass sich jahrelang niemand dafür interessierte. Dekanin Kittelberger ist gerade von diesem Saal tief berührt, weil er Sammlung nach innen und Offenheit zur Welt zum Ausdruck bringt. Freilich: Einen anschaulichen Anhaltspunkt für protestantische Wirkgeschichte liefert er nun gerade nicht. Museumsdirektor und Vizepräsident der Schlösserverwaltung Johannes Erichsen findet zu guter Letzt immerhin eine Notiz im historischen Inventarbuch des „Grünen Saals": „1 Rothsameter Tepich mit goldnen borten, so zur Kanzl in der evangelisch Kirch gebraucht: aber vom Tapezier Vögele in die Stadt gebracht worden". Die Schwalbe war, am Ende des Sommers 1799, schon wieder weiter gezogen. Und ein Herr Vögele, gewiss kein Oberbayer, sondern ein evangelischer Handwerker aus Carolines Hofstaat, hatte ihr das Parament nachgetragen.

Lutz Taubert

Literaturtipps

Armin Rudi Kitzmann: Das offene Tor – Aus der Geschichte der Protestanten in München. München 1990

Armin Rudi Kitzmann: Mit Kreuz und Hakenkreuz – Die Geschichte der Protestanten in München 1918–1945. München 1999

Die „Bayerische Sixtina"

Im Schloss von Neuburg (Donau) steht der älteste protestantische Kirchbau der Welt

Das Neuburger Schloss kündet bis heute von der Glanzzeit der Donaustadt als pfalzgräfliche Residenz. Die Schlosskapelle (in die Schlossgebäude integriert) gilt als ältester originär protestantischer Kirchbau der Welt

Es war einmal...eine Residenz: Vom Jahr 1505 an war Neuburg an der Donau Hauptstadt eines eigenen Herzogtumes Pfalz-Neuburg. Fast hundert Jahre lang waren Landesherrn und Untertanen Lutheraner. Geblieben ist – neben anderem – der älteste protestantische Kirchbau der Welt.

Was muss das für ein Mann gewesen sein, dieser Pfalzgraf Ottheinrich (1502–1559)? Herzog im Kindesalter, Wallfahrten und das Bekenntnis zum alten Glauben, einzigartige Prachtentfaltung in seiner Residenz, Übertritt zum neuen Glauben, der frühe Verlust der geliebten Ehefrau, der finanzielle Konkurs. Der Mann dient gut zur Legendenbildung. Neuburg an der Donau verdankt ihm bis heute seinen ganzen Glanz.

Seine Eltern sterben 1504 an der Ruhr. Mit dem so genannten „Kölner Spruch" beendet 1505 Kaiser Maximilian I. den Landshuter Erbfolgekrieg. Er ordnet das Wittelsbacher Territorium neu und schafft für Ottheinrich und

Pfalzgraf Ottheinrich gehörte zu den bestimmenden Persönlichkeiten der Reformation in Süddeutschland

seinen jüngeren Bruder Philipp das neue Fürstentum Pfalz-Neuburg. Der junge Pfalzgraf Ottheinrich wird schon 1518 beim Augsburger Reichstag mit der neuen Lehre Martin Luthers konfrontiert. Zunächst ordnet er seinen Beamten an, „mit rücksichtsloser Strenge gegen das Luthertum einzuschreiten". Zunächst konzentriert sich der junge Fürst auf den Ausbau seiner Residenz. Dass er nur 24.000 Gulden Jahresapanage bekommt, interessiert ihn wenig. Für ihn ist das Beste gerade gut genug. Die besten Kunsthandwerker Europas knüpfen für ihn prachtvolle Teppiche, malen Gemälde, schaffen Kunstwerke aus Gold und Alabaster und fertigen die damals äußerst wertvollen Harnische an.

Wer heute zum ersten Mal in das kleinstädtische Neuburg kommt, ist überrascht von den Ausmaßen des Schlosses. Nach und nach lässt es Ottheinrich ausbauen, ab 1537 entsteht mit dem Westflügel der so genannte „Ottheinrichbau". In diesem Flügel entsteht ab 1540 auch die Schlosskapelle. Als ihr Bau beginnt, sind Ottheinrich und sein Fürstentum offiziell noch katholisch.

Nach einem zwölfjährigen inneren Wandlungsprozess führt Ottheinrich 1542 in seinem Land die Reformation ein. Davon kann ihn auch seine Frau Susanna nicht abbringen, die katholisch bleibt und für die der Graf nach der Hochzeit das Jagdschloss Grünau erbauen lässt. Die Ehe unter den zwei Wittelsbachern gilt übrigens trotz der konfessionellen Differenzen als glücklich.

Auf Ottheinrichs Wunsch kommt der Nürnberger Reformator Andreas Osiander im Mai 1542 für drei Wochen nach Neuburg, predigt und arbeitet mit Ottheinrich das Religionsmandat aus. Es wird am 22. Juni 1542 veröffentlicht: Die „junge Pfalz" ist evangelisch. Der Übertritt zur Reformation fällt zusammen mit der Fertigstellung der Schlosskapelle, die damit tatsächlich der älteste evangelische Kirchenraum der Welt ist. Wer die Schwelle zur Kapelle übertritt, ist überwältigt. Die Hälse der Besucher werden lang, denn der Blick fällt auf die Decke, die Ottheinrich vom Salzburger Maler Hans Bocksberger 1543 hat malen lassen, wie eine Inschrift über dem Altar ver-

Adressen

Stadt Neuburg,
Tourist-Information,
Ottheinrichplatz A 118,
86633 Neuburg/
Donau,
Tel. (08431) 55-240,
E-Mail tourismus@
neuburg-donau.de,
Internet www.neuburg-
donau.de

rät. Wegen dieser Malereien gilt die Schlosskapelle als „Bayerische Sixtina". Die Bilder zeigen alttestamentliche Szenen; einzig das zentrale, überdimensionale Auferstehungsbild entstammt dem Neuen Testament. Direkt unter der Decke eine Empore, verziert mit Stuck.

Den Altar aus Rotmarmor mit einer Kreuzigungsgruppe lässt Ottheinrich vom Eichstätter Bildhauer Martin Hering fertigen. Die Inschrift „Othainrich Pfalczgraf" auf dem Bogen über dem Gekreuzigten kann man mit dem Selbstbewusstsein des evangelischen Fürsten erklären: Schließlich war die Entscheidung für die Reformation die wichtigste in seinem Leben.

Für Ottheinrich beginnen schwere Zeiten. Seine Frau gestorben, die Ehe kinderlos. Sein Bruder Philipp zieht sich aus der Regierung zurück. Ottheinrich häuft über eine Million Gulden Schulden an und muss zeitweilig das Land verlassen, das 1546 auch noch von Truppen des katholischen Kaisers Karl V. geplündert wird. Erst nach dem „Passauer Vertrag" von 1552 kann

Hans Bocksberger malte die Fresken in der Neuburger Schlosskirche. Dargestellt sind durchwegs biblische Motive

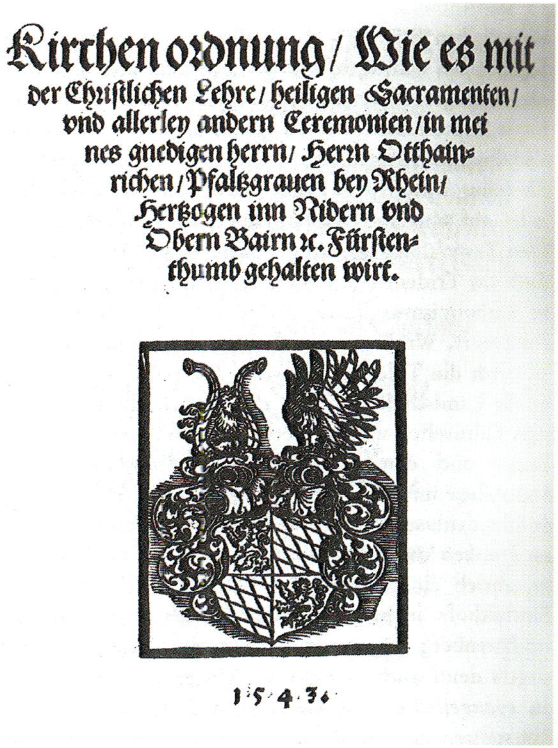

Kirchen ordnung / Wie es mit
der Christlichen Lehre / heiligen Sacramenten /
vnd allerley andern Ceremonien / in mei
nes gnedigen herrn / Herrn Otthain-
richen / Pfaltzgrauen bey Rhein /
Hertzogen inn Nidern vnd
Obern Bairn ꝛc. Fürsten-
thumb gehalten wirt.

1.5.4.3.

Die Kirchenordnung von 1543 führte im Herzogtum Pfalz-Neuburg die Reformation ein

Ottheinrich wieder nach Neuburg zurückkehren, wird 1556 sogar noch Kurfürst in der Pfalz, führt dort die Reformation ein und stirbt 1559 in Heidelberg. Dort ist er auch in der Heiliggeistkirche begraben.

Neuburg bleibt bis zur Gegenreformation 1614 evangelisch. Der damalige Pfalzgraf Wolfgang Wilhelm wechselt aus taktischen Gründen die Seiten, wird katholisch – und mit ihm das ganze Land. So kommt es, dass die Neuburger Hofkirche am Karlsplatz, die zu evangelischen Zeiten als bewusster architektonischer Gegenpol zur Münchner Michaelskirche gebaut, schließlich zur katholischen Kirche wird. Ein wechselvolleres Schicksal erwartet die Schlosskapelle: Für sie bestellt Wolfgang Wilhelm drei Rubensgemälde, die tatsächlich einige Jahre in der Kirche hängen. Heute verdankt Neuburg den Gemälden die Flämische Barockgalerie, die als Außenstelle der Bayerischen Gemäldesammlungen im Jahr 2005 dauerhaft eröffnet wurde. Mit der Galerie kamen zwei der Rubens-Gemälde nach Neuburg zurück.

Überhaupt ist die Gegenreformation – zumindest aus konservatorischer Sicht – ein Segen für Neuburg. Die Malereien in der Schlosskapelle und so genannte Sgraffitis im Schlosshof werden nämlich übertüncht und erst im 20. Jahrhundert wieder entdeckt und freigelegt. 225 Jahre gibt es keine Evangelischen in Neuburg. Erst ab 1849 werden wieder evangelische Gottesdienste in der historischen Schlosskapelle gehalten. Der ausgelagerte Altar kommt erst 1955 zurück. Heute zählen die beiden evangelischen Kirchengemeinden zusammen rund 7300 Mitglieder bei insgesamt 28.500 Einwohnern.

Axel Mölkner-Kappl

Literaturtipps

Klaus Reichold: Der Himmelsstürmer. Ottheinrich von Pfalz-Neuburg (1502-1559). Regensburg 2004

Freundes- und Förderkreis Schloss Neuburg (Hg.): Gebaute Herrschaftsgeschichte. Das Residenzschloss zu Neuburg an der Donau. Neuburg 2005

Suzanne Bäumler, Evamaria Brockhoff, Michael Henker (Hg.): Von Kaisers Gnaden – 500 Jahre Pfalz-Neuburg (Ausstellungskatalog). Augsburg 2005

Löhes Erben

Das Diakonie- und Missionsdorf Neuendettelsau prägt seit über 150 Jahren die bayerische Landeskirche

Wer von „Novodettelsibirsk" spricht, tut´s in spöttischer Absicht. „Fränkisches Rom" ist schon milder, weil darin ein Unterton der Hochachtung mitklingt. Wie auch immer. Fest steht: Kein anderes Dorf hat den Protestantismus in Bayern derart geprägt wie Neuendettelsau.

Und man muss nicht lange nachdenken, wem das 7000-Seelen-Dorf seine Prominenz in aller Welt verdankt. Es steht schon auf dem Fahrplan der Nebenbahn, die jede Stunde von Wicklesgreuth hinüber nach Windsbach zockelt. Sie ist wahrscheinlich die einzige in der Republik, die nach einem evangelischen Dorfpfarrer benannt ist: Die „Löhe-Bahn".

Und wer in Neuendettelsau aussteigt, tut dies an einem Bahnhofsgebäude, das seit einigen Jahren ein Museum beherbergt, das hier nur einen Namen tragen kann: Das „Löhe-Zeit-Museum".

Löhes Erben: Eine Büste vor dem Diakonissen-Mutterhaus erinnert an den Gründervater von Diakonie und Missionswerk in Neuendettelsau

Das berühmteste Bild der diakonischen Gründerzeit in Neuendettelsau: Diakonissen vor dem neuerbauten Mutterhaus

Wilhelm Löhe (1808-1872) war die prägende Gestalt des bayerischen Protestantismus im 19. Jahrhundert. Welches dies vielleicht ganz anders gesehen hätte – denn Löhe hatte keinerlei höheres Amt inne, er durfte, obwohl er so gern gewollt hätte, nicht einmal in eine der großen und wirkmächtigen Stadtpfarreien Nürnbergs ziehen.

Was er schon durfte, und das war anno 1837 weniger eine Gnade denn eine Anfechtung, war etwas anderes, nämlich das Pfarramt in einem gottverlassenen Dorf im Ansbachischen zu übernehmen, wo ein paar hundert Evangelische in strohgedeckten Häusern mehr schlecht als recht vor sich hinlebten. Neuendettelsau war ein Kaff mit 60 Misthaufen, aber ohne befestigte Wege, in dem ein gutbürgerlicher Kaufmannssohn wie Löhe kaum als Bild in einem dunklen Gang hängen wollte. Löhe selbst formulierte das in späteren Jahren noch drastischer: „Nicht tot möchte ich in dem Neste sein" habe er bei seinem ersten Besuch im Ort ausgerufen.

Keine Publikation über Neuendettelsau kommt ohne diesen Satz aus. Denn er steht weniger für die Trostlosigkeit der Verhältnisse vor 170 Jahren – die das „Löhe-Zeit-Museum" so trefflich aufzeigt – als für den erstaunlichen Wandel, den der Ort seither erlebt hat. Denn mit Löhe zog der Aufschwung in Neuendettelsau ein. Als Erstes merkten das die Gastwirte: Denn auf einmal kamen von weither, vom Aischgrund, vom Hahnenkamm herunter oder aus dem Hesselbergland, die Bauern sonntags in Scharen herübergelaufen,

Adressen

Löhe-Zeit-Museum,
Postfach 95,
91561 Neuendettelsau,
Tel. (09874) 686868,
E-Mail: info@loehe-zeit-museum-neuendettelsau.de,
Internet www.loehe-zeit-museum-neuendettelsau.de

Laurentiuskirche und Geschichtsweg der Diakonie Neuendettelsau,
Infos im Öffentlichkeitsreferat,
Heilsbronner Str. 1,
Tel. (09874) 82287,
E-Mail info@DiakonieNeuendettelsau.de,
Internet www.DiakonieNeuendettelsau.de

um den charismatischen Prediger in der kleinen Dorfkirche St. Nikolai zu hören, und bevor sie zurückmarschierten, kehrten sie gern auf einen Schluck ein.

Doch Löhe war nicht nur wortgewaltig, sondern auch tatkräftig. Von seinem bescheidenen Dorfpfarrhaus, das am Rand des alten Ortskernes noch steht und, natürlich mit Gedenktafel versehen, heute als Gemeindehaus dient, erkannte er die sozialen Nöte seiner Zeit und trat ihnen entgegen. Ab 1841 sorgte er für geistlichen Beistand und logistische Hilfe für Nordamerika-Auswanderer, weshalb sich einige Siedlungen im US-Bundesstaat Michigan mit lustigen Namen wie „Frankenmuth" oder „Frankenlust" bis heute eng mit Neuendettelsau verbunden fühlen. Er gründete eine Missionsgesellschaft, die seine Vorstellungen von Kirche und Liturgie innerhalb der königlich-bayerischen Beamtenkirche kommunizierte und rief schließlich 1854 die Diakonissenanstalt Neuendettelsau ins Leben, die einzige in Deutschland, die ihren Wirkungskreis nicht im großstädtischen Umfeld hatte. Auch am Gasthaus „Zur Sonne" gegenüber der Dorfkirche fehlt die obligatorische Gedenktafel nicht.

Alle drei Arbeitsfelder existieren, teils in ganz direkter Weiterführung, bis heute, geben der Gemeinde ihr durch und durch evangelisches Gesicht und hüten eifersüchtig ihren Anteil am Erbe Löhes: Das Missionswerk der Landeskirche, die betont konservative „Gesellschaft für innere und äußere Mission im Sinne der lutherischen Kirche" und die Diakonie Neuendettelsau, die mit insgesamt rund 5800 Mitarbeitern, davon ein Drittel am Ort, die zahlenmäßig gewichtigste Hinterlassenschaft Löhes ist. Die Laurentiuskirche von 1930 mit ihrem zeitgeschichtlich inspiriertem Tympanon über dem Westeingang ist das Gotteshaus der Diakonie.

Er prägt Neuendettelsau bis heute: Wilhelm Löhe (1808-1872)

Man kann im Grunde keinen Spaziergang durch den Ort machen, ohne dabei einer Diakonisse zu begegnen. Oder einem evangelischen Pfarrer. Über 80 von ihnen, meist Ruheständler, wohnen in Neuendettelsau – bei rund 7000 Einwohnern im Kernort der Großgemeinde eine beachtliche Quote. In einer Stadt

Löhes Schreibpult: Eine Kostbarkeit im Löhe-Zeit-Museum

wie Nürnberg müssten umgerechnet über 5100 Geistliche leben, um dieses Verhältnis zu erreichen.

Freilich, Löhes Nachwirken geht weit über die Institutionen hinaus. Sein frommes, konservativ-orthodoxes Luthertum, das seinerzeit den großstädtischen Kulturprotestantismus Nürnberger Prägung ausstach, kennzeichnet die bayerische Landeskirche in Teilen bis heute – nicht umsonst nennt sich das westmittelfränkische Kerngebiet des bayerischen Protestantismus auch gerne mal „Löhe-Land". Von den Besucherzahlen der Gottesdienste, wie sie in St. Nikolai noch heute gang und gäbe sind, können die meisten evangelischen Pfarrer in Bayern nur träumen.

Im frühen 20. Jahrhundert hatte hier die Nationalkonservative Partei ihre bayernweite Hochburg und mit dem „Freimund", der Zeitung der Gesellschaft für Innere Mission, eine ihr höchst verbundene und einflussreiche Publikation. Anders gesagt: Evangelischer als in Neuendettelsau wählte man nirgends zwischen Ludwigsstadt und Lindau.

Bliebe noch der jüngste Baustein im evangelischen Mosaik von Neuendettelsau zu ergänzen. Als die Landeskirche nach Kriegsende über den Standort für eine geplante kirchliche Hochschule nachdachte, führte an Löhes Diakoniedorf mental und organisatorisch kein Weg vorbei. Unter Federführung von Georg Merz startete 1946 mit 25 heimgekehrten Kriegsgefangenen der Lehrbetrieb. Schon ein Jahr später wurde die „Augustana" offiziell eröffnet, an der heute rund 150 Studierende eingeschrieben sind – auch sie ein Stück weit Wilhelm Löhes Erben.

Thomas Greif

Literaturtipps

Hans Rößler (Hg.): Unter Stroh und Ziegeldächern. Neuendettelsau 1982

Hans Rößler (Hg.): 700 Jahre Neuendettelsau. Festschrift zur 700-Jahr-Feier. Neuendettelsau 1998

Harald Jenner: Von Neuendettelsau in alle Welt. Entwicklung der Diakonissenanstalt/Diakonie 1854–1900. Neuendettelsau 2004

Wo nicht nur die Schweden hausten

1634 war Nördlingen Schauplatz einer Schlacht, in der Süddeutschland den Evangelischen verloren ging

Nördlingen erscheint als mittelalterliches Idyll. Doch hinter dem malerischen Bild verbergen sich die katastrophalen Folgen, die der Dreißigjährige Krieg für die evangelische Reichsstadt hatte. 1634 spielte sich vor ihren Toren eine entscheidende Schlacht des »großen Mordens« ab.

Das Geheimnis Nördlingens erschließt sich beim Vergleich seiner Stadtansichten schnell. Ob ein kolorierter Holzschnitt von Rudolf Manuel Deutsch aus dem Jahr 1549, Andreas Zeidlers Kupferstich von 1651, Fotografien aus

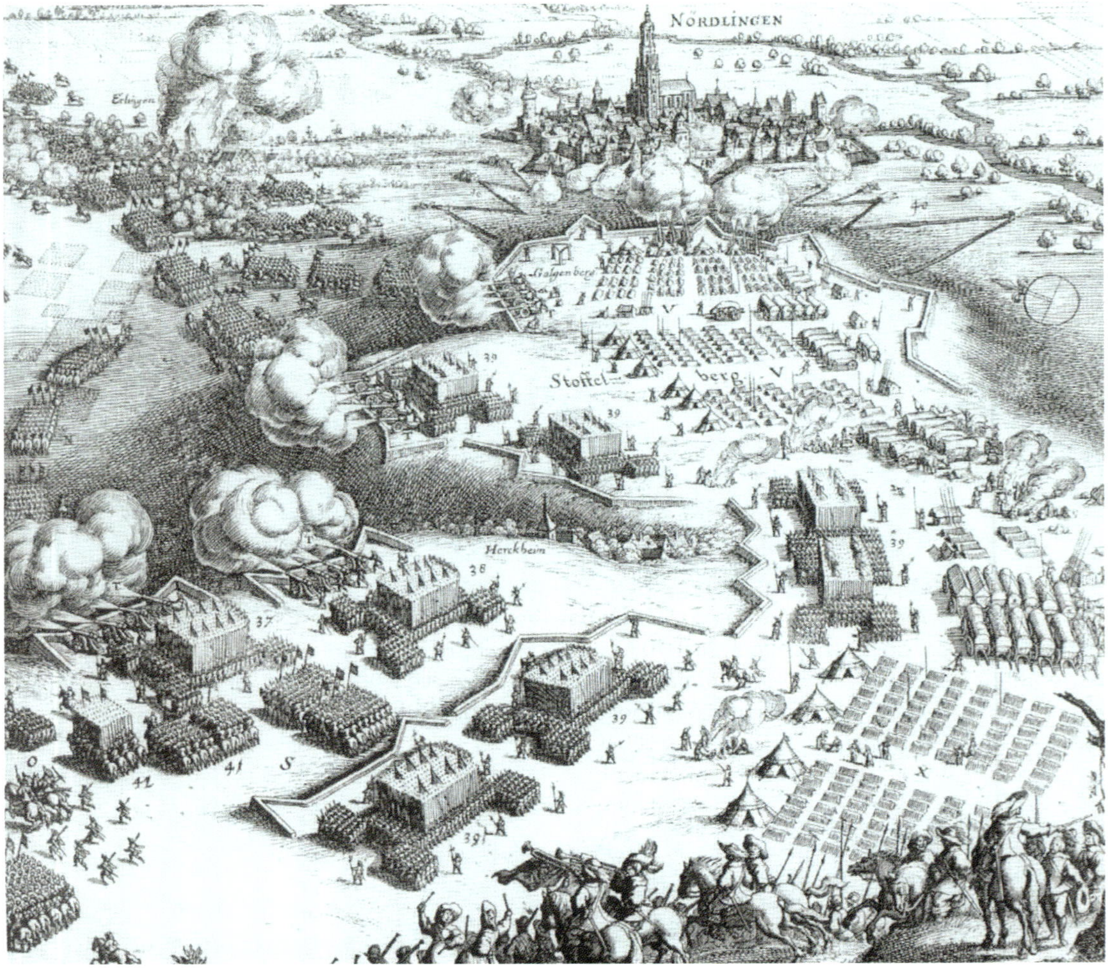

Ein zeitgenössischer Stich zeigt die Schlacht bei Nördlingen im Jahr 1634

dem 19. Jahrhundert oder aktuelle Luftbildaufnahmen: Stadtmauer und Türme, St. Georgskirche und Rathaus, der Verlauf der Gassen, das alte Färberviertel, die Fachwerkhäuser – alles scheint stets unverändert. Wie bei der Fliege im Bernstein scheint in der Altstadt Nördlingens die Zeit im späten Mittelalter abrupt stehen geblieben zu sein.

Die „Frickhinger'sche Apotheke ‚Zum Einhorn'". Die Jahreszahlen verweisen auf das Baujahr des Vorgängerhauses, den Wiederaufbau nach dem Dreißigjährigem Krieg und eine Sanierung im vergangenen Jahrhundert

Was heute Busladungen japanischer Touristen begeistert, die zwischen Rothenburg und Neuschwanstein Station machen, lässt sich auch als Dokument der tiefen Krise lesen, in die der Dreißigjährige Krieg die evangelische Reichsstadt stürzte, die einmal eine der wichtigsten Handelsstädte des Mittelalters gewesen war.

Auf dem Stich von 1651 sind die unbebauten Grundstücke mit Mauerresten gut zu sehen. Hier standen Häuser, die bei Beschießungen vor allem am Ende des Dreißigjährigen Kriegs zerstört wurden. Am Ende des Kriegs hatte Nördlingen nicht nur seine politische und wirtschaftliche Position endgültig verloren, sondern auch die Hälfte seiner Einwohner. Über 300 Jahre, bis 1939 hat es gedauert, bis Nördlingen wieder 8790 Einwohner hatte, so viele wie zu Beginn des Dreißigjährigen Kriegs.

Nur drei Bomben – am Karfreitag 1945 – trafen die Stadt dagegen im letzten Krieg. Eine von ihnen zerstörte das Dach des Kirchenschiffs der Pfarrkirche St. Georg, deren mächtiger, fast 90 Meter hoher Turm die Silhouette der Stadt weit hinein ins Ries dominiert. „Daniel" nennen die Rieser den Kirchturm liebevoll, von dem nachts seit über 500 Jahren der Ruf der Nördlinger Türmer erklingt: „So, Gsell, so!" 1505 war der 1427 begonnene Bau aus Suevit beendet, jenem grauen „Schwabenstein", den der Rieskratermeteorit hinterließ.

Dass vom biblischen Daniel berichtet wird, der König habe ihn „zum Fürsten über das ganze Land" erhöht, hat der Volksmund zum treffenden Spitznamen für den Turm aufgegriffen. Und das zerstörte Kirchendach, weiß Türmer Wilhelm Kast, habe den Amerikanern so Leid getan, als sie wenige Ta-

Adressen

Verkehrsamt der Stadt Nördlingen, Marktplatz 2, 86720 Nördlingen, Tel. (09081) 84116, E-Mail tourist-information@noerdlingen.de, Internet: www.noerdlingen.de.

Stadtmuseum Nördlingen, Vordere Gerbergasse 1, Tel. (09081) 2738230. E- Mail stadtmuseum@noerdlingen.de, Internet www.stadtmuseum-noerdlingen.de. ÖZ: Di bis So von 13.30 bis 16.30 Uhr.

Ev.-Luth. Pfarramt St. Georg, Pfarrgasse 5, Tel. (09081) 4035, E-Mail pfarramt.noerdlingen@elkb.de, Internet www.drev.de/noerdlingen Daniel-Turmbesteigung St. Georg: bis 31. Okt. tägl. 9-20 Uhr. Tel. (09081) 271813

ge nach dem Angriff die Stadt besetzten, dass sie beim sofortigen Wiederaufbau halfen.

Aber noch heute kann der aufmerksame Beobachter in Nördlingen die „Bombenschäden" von vor 350 Jahren entdecken. Barockfassaden zwischen Fachwerkhäusern sind ein solcher Hinweis. Sie verweisen auf eine Bauzeit nach 1650. Oder Jahreszahlen, wie sie über dem Schaufenster der Apotheke »Zum Einhorn« angebracht sind: 1440 – 1670 – 1931 steht da. Das 1440 erbaute Haus wurde bei einer Beschießung der Stadt 1647 samt Nachbarhäusern zerstört. Erst 1667 hat man mit dem Aufbau der heutigen Apotheke begonnen.

1522, als der Nördlinger Karmeliterprior Caspar Cantz das von ihm verwendete Formular einer „Evangelischen Messe" veröffentlichte und die Reformation in der Reichsstadt begann, war deren wirtschaftlicher Stern bereits am Sinken. Günstig am Schnittpunkt wichtiger Straßen gelegen, hatte der Fernhandel mit Tuch und Gewürzen Nördlingen reich gemacht. Doch die Warenströme verlagerten sich jetzt immer mehr auf die Hafenstädte und den interkontinentalen Seehandel.

Aber die Reformation wollten die Nördlinger. Gleich 1522 schuf der Rat aus Bürgermitteln eine Predigerstelle an St. Georg – und besetzte sie in eigener Regie mit dem humanistisch gebildeten Theobald Billicanus Gerlacher.

Nördlingen habe stets zwischen Reformation und Kaiser laviert, sagt Stadtarchivar Wilfried Sponsel: „Der Rat verfolgte eine vorsichtige Religionspolitik." Die Nördlinger versuchten, das Programm der Reformation sanft einzuführen und es sich zugleich nicht mit dem Kaiser zu verscherzen. Schließlich war ihre Stadt als Reichsstadt eine Stadt des Kaisers. Eine Schaukelpolitik war die Folge: Bei der Speyerer Protestation 1529 unterschrieb man zunächst, zog aber die Unterschrift bald darauf wieder zurück. Als es im Jahr darauf in Augsburg darum ging, vor dem Kaiser den neuen evangelischen Glauben zu bekennen, waren die Nördlinger nicht dabei. „Den 25. September 1555 müssen die Nördlinger als Befreiung empfunden haben", sagt Sponsel, „endlich konnte man guten Gewissens evangelisch sein".

Wilhelm Kast (52) ist einer der beiden hauptberuflichen Türmer Nördlingens. Mehr als 60.000 Touristen erklimmen jährlich die 350 Stufen hinauf auf den „Daniel"

Vor dem Hexenwahn, der in Nördlingen von 1589 bis 1598 tobte, schützte das Evangelischsein nicht. Das außergewöhnlich reichhaltige Nördlinger Stadtarchiv dokumentiert in seinen Ge-

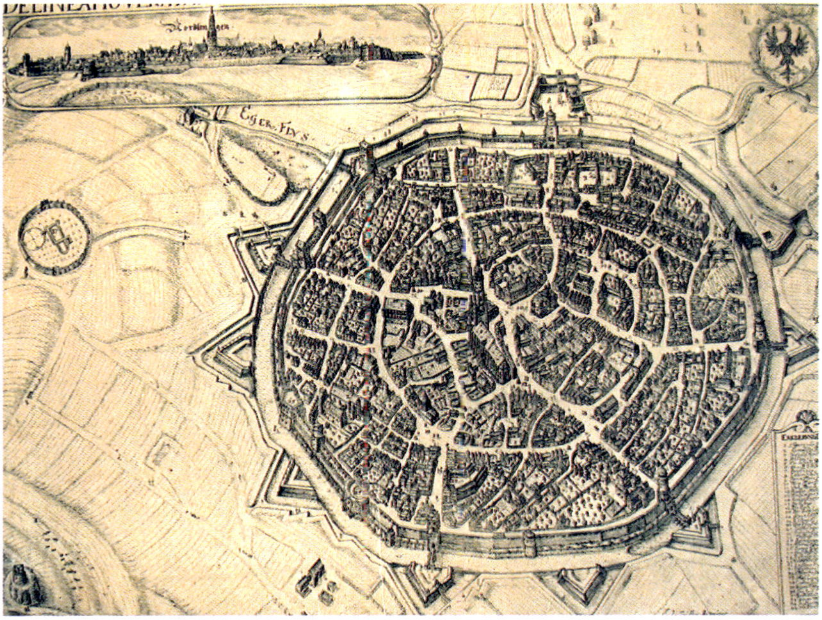

Ein Stadtplan, mit dem man sich noch heute gut in Nördlingen zurechtfindet: Auf dem 1651 entstandenen Kupferstich von Andreas Zeidler sind die Schäden des Dreißigjährigen Kriegs gut erkennbar

richtsakten fürchterliche Frauenschicksale, von denen einige im Stadtmuseum nachgelesen werden können. Der Briefwechsel einer Frau mit ihrem Mann ist darunter. Zunächst sind die an „mein herz, mein lieber schaz" gerichteten Briefe voller Hoffnung, dann folgt der ergreifende Abschiedsbrief vor der Hinrichtung. Eine Ausnahme war die 1593 die Wirtin der „Goldenen Krone", Maria Holl, die auch nach fünf „gütlichen" und 13 „peinlichen" Verhören (also Folter) immer noch ihre Unschuld beteuerte und nach 334 Tagen Kerkerhaft schließlich freigelassen werden musste.

Als Maria Holl Ende September 1634 mit 85 Jahren starb, war Nördlingen von den Schweden besetzt und schickte sich an, zum Schauplatz einer der folgenreichsten Schlachten des Dreißigjährigen Kriegs zu werden. In der Schlacht von Nördlingen erlitt am 6. November 1634 die Schutzmacht des deutschen Protestantismus eine verheerende Niederlage. Von 25.000 protestantischen Soldaten waren 17.000 tot, 4000 in Gefangenschaft, auch der Feldherr Gustav Graf Horn. In der Folge gaben die Schweden alle Garnisonen südlich des Mains auf. In Süddeutschland hatte der Protestantismus nun keinen militärischen Schutz mehr – in Nördlingen, im Ries, besonders in Württemberg wüteten die kaiserlich-habsburgischen Sieger.

Nördlingen hatte am Ende des Kriegs nicht einmal mehr die Hälfte seiner Einwohner. Ihr Abstieg und ihr Jahrhunderte langer Dornröschenschlaf schufen aber das touristische Kapital der Stadt, die heute einer der Höhepunkte jeder „romantischen" Deutschlandreise ist.

Markus Springer

Literaturtipps

Dietmar-Henning Voges: Nördlingen seit der Reformation. Aus dem Leben einer Stadt. München 1998

Kurt R. Engler, Wilfried Sponsel: Nördlingen. Geschichte, Gestalt und Wesen einer mittelalterlichen Stadt. Nördlingen 1986

Dietmar-Henning Voges: Frieden ernährt, Krieg und Unfrieden zerstört. 14 Beiträge zur Schlacht bei Nördlingen 1634. Nördlingen 1985

Die gefühlte Hauptstadt

Nürnberg hat seit fast 500 Jahren einen prominenten Platz in der Geschichte des Protestantismus

Bayern ist ein zentralistisches Staatswesen, keine Frage: Alle Macht geht von München aus. Auch Bischof und Zentralbehörde der evangelischen Kirche sitzen an der Isar. Einen Unterschied zu allen anderen bedeutsamen gesellschaftlichen Organisationen hierzulande gibt es aber dann doch. Die gefühlte Hauptstadt des bayerischen Protestantismus liegt weiter nördlich.

Kaum vorstellbar, dass ein bayerischer Minister oder Verbandschef in überschaubaren Abständen wieder und wieder erklären muss, weshalb sein Amt keineswegs nach Nürnberg umziehen, sondern in München bleiben wird. Mit derlei Anfrage sind nur – und zwar seit Generationen - die evangelischen Kirchenoberen konfrontiert. Ihre Antworten lauten seit Montgelas´ Zeiten gleich und richtig: In München sitzt die Staatsregierung, in München spielt die Musik, München ist nun mal die Hauptstadt. Aber die Frage ist nicht totzukriegen. In ihr steckt eine Portion des seit 1806 notorisch gekränkten fränkischen Selbstbewusstseins, aber auch ein gutes Stück Gegenwartswahrnehmung – denn tatsächlich haben zahlreiche kirchliche Einrichtungen vom Diakonischen Werk bis zum Posaunenchorverband ihren Sitz nicht in Tuchfühlung zum Landeskirchenamt, sondern, eben, in Nürnberg.

Warum das so ist, lässt sich, wieder einmal, nur aus der Geschichte erklären. An der Schwelle zur Neuzeit war Nürnberg die mächtigste Stadt des Heiligen Römischen Reiches und eine der führenden Handelsmetropolen Europas. Nach Albrecht Dürer, dem größten Namen einer Künstlerschaft

„Die große Nürnberger Reformation" – eines der komplexesten und bekanntesten Bilder aus jener Zeit überhaupt (Ausschnitt). Es entstand nach 1558 im Umkreis der Werkstatt von Lukas Cranach. Im Vordergrund links die führenden Fürsten der Reformationszeit, rechts die Reformatoren mit Jan Hus, Martin Luther, Philipp Melanchthon und Justus Jonas. Hinter der Taufszene Jesu in der Pegnitz erhebt sich die Nürnberger Stadtsilhouette

Wahrzeichen des bayerischen Protestantismus: Die Lorenzkirche, in der seit 1933 der Landesbischof sein Amt antritt

von hohem Rang, ist in Deutschland ein ganzes kunstgeschichtliches Zeitalter benannt. Jeder neugewählte Kaiser hatte kraft Reichsverfassung seinen ersten Reichstag hier abzuhalten, wo auch die Insignien seiner Macht „auf ewige Zeiten, unwiderruflich und unanfechtbar" (dann aber doch nur bis 1796) aufbewahrt wurden.

Diese Stadt also, ausgerechnet diese, führte im März 1525, nach einer elftägigen theologischen Disputation im Großen Saal des Rathauses, als erste Reichsstadt die Reformation lutherischer Prägung ein. Und schob damit, was leicht übersehen wird, anderen reformatorischen Ideen, die in der Luft lagen, einen Riegel vor. Immerhin hatten sich noch im Jahr vor dem Gespräch auch Thomas Müntzer oder der fränkische Täuferführer Hans Hut in Nürnberg aufgehalten.

Nürnberg wurde in vielerlei Hinsicht zum Schrittmacher der Reformation, das erste Mal schon sieben Jahr vor der offiziellen Proklamation, als nämlich der Ratsherr Kaspar Nützel Luthers 95 Thesen vom Lateinischen ins Deutsche übersetzen und in einer Kurzfassung drucken ließ. Von dem „sermon von dem ablaß vnd gnade" wurden binnen kurzer Zeit mindestens 20.000 Exemplare gedruckt - nach heutigen Maßstäben eine Millionenauflage. Nürnberger Drucker und Nürnberger Künstler, allen voran Dürer und Hans Sachs, verbreiteten die Ideen der Reformation.

Adressen

Tourist Information am Hauptbahnhof, Königstr. 93, 90443 Nürnberg, Tel. (0911) 2336-132, E-Mail tourismus@nuernberg.de, Internet www.nuernberg.de

Informationsladen der Ev.-Luth. Kirche (i-Punkt) im Haus „eckstein", Burgstr. 1-3, Tel. (0911) 214-2140, E-Mail arbeitsstelle@eckstein-evangelisch.de, Internet www.eckstein-evangelisch.de und www.nuernberg-evangelisch.de

Nürnberg erließ gemeinsam mit den markgräflichen Nachbarn eine Kirchenordnung, die mancherorts über 300 Jahre lang Gültigkeit behielt. Philipp Melanchthon persönlich half bei der Einrichtung der „Oberen Schule", die als Urform des Humanistischen Gymnasiums in Deutschland gilt. „Nürnberg leuchtet wahrlich im ganzen deutschen Land wie eine Sonne unter Mond und Sternen", schrieb Martin Luther 1530 begeistert. Da hätte es schon gut ins Bild gepasst, wenn er seinen berühmtesten Satz („Hier stehe ich, ich kann nicht anders") anno 1521 nicht in Worms, sondern hier gesprochen hätte, einmal ganz abgesehen von der Frage, ob der Satz überhaupt jemals gesagt wurde. Tatsächlich hätte der damalige Reichstag in Nürnberg stattfinden sollen, was nur wegen örtlicher Seuchengefahr unterblieb.

So forsch die Nürnberger 1525 im Großen gewesen waren, so konservativ hielten sie im Kleinen am Althergebrachten fest. Lorenz- und Sebalduskirche kannten, gottlob, keine Bilderstürme. Erst 1783 wurde in Nürnberg der Exorzismus bei der Taufe abgeschafft. Noch beim Übergang an Bayern feierten evangelische Pfarrer in Nürnberg Gottesdienste in Messgewändern und in lateinischer Sprache. Nürnberg brachte in das neu geschaffene Königreich außer einer astronomisch hohen Schuldensumme einen gewissen Führungsanspruch innerhalb des bayerischen Protestantismus ein. Zu Sitzen der königlich-bayerischen Konsistorien und Tagungsorten der späteren

Im Großen Saal des Nürnberger Rathauses fand 1525 das berühmt gewordene Nürnberger Religionsgespräch statt. Wenig später beschloss der Rat der Stadt den Anschluss an die Reformation

Ungewöhnlicher Schlussstein: Beim Wiederaufbau der Lorenzkirche verewigte man Ikonen des Protestantismus – darunter Löhe, Bach, Melanchthon und Martin Luther (Bild)

Generalsynoden wurden aber Ansbach und Bayreuth erkoren, während Nürnberg bis 1933 auf eine formale Aufwertung warten musste, als in St. Lorenz der Nürnberger Kaufmannssohn und erste bayerische Landesbischof Hans Meiser in sein Amt eingeführt wurde.

Alle großen geistigen Auseinandersetzungen, in denen sich der bayerische Protestantismus in den vergangenen 200 Jahren gefordert sah, erlebten Nürnberg als den Hauptgefechtsplatz. Hier tobten im 19. Jahrhundert die Kämpfe zwischen Löhes konservativer Erweckungsbewegung und dem kulturprotestantisch geprägten städtischen Liberalismus, der in Nürnberg seinen Schwerpunkt hatte, aber auch das Ringen der Kirche mit Arbeiterbewegung und den „Freireligiösen" um den Philosophen Ludwig Feuerbach, dessen Beerdigung 1872 als „Massendemonstration gegen das Pfaffentum" begangen wurde.

Nach 1933 wurde wieder gekämpft, diesmal gegen das braune Regime Hitlers und seines Nürnberger Statthalters Julius Streichers, wenngleich viele Kirchenleute lange brauchten, bis sie wussten, auf welcher Seite ihr Platz war. Die Treuegottesdienste im September 1934, bei denen Meiser hintereinander vor Tausenden von Besuchern in St. Lorenz, St. Sebald und St. Egidien gegen die Angriffe des Streicher-Blattes „Fränkische Tageszeitung" predigte, wurden zum Auftakt für den Höhepunkt des bayerischen Kirchenkampfes. Einen vor allem symbolischen „Sieg" errangen die kirchentreuen Nürnberger Protestanten dabei, als sie zeitgleich mit der Beendigung des Münchner Hausarrestes für den Landesbischof in einer handstreichartigen Aktion den Eibacher Pfarrer Ludwig Beer von den Deutschen Christen aus dem örtlichen Dekanatsbüro in der Burgstraße warfen, in dem sich Beer breit gemacht hatte.

Das kämpferische Vokabular der Vergangenheit ist heute kaum noch gefragt. Die Blickrichtung hat sich gewandelt. Noch in den 1970ern musste

Ein Bild von hohem Symbolwert: Nach seiner Amtseinführung in St. Lorenz schreitet Landesbischof Hans Meiser am 11. Juni 1933 durch die Stadt. In seinem Gefolge: Hans Schemm, Kultusminister und Gauleiter aus Bayreuth

sich Dekan Fritz Kelber diplomatisch von einer politischen Splittergruppe absetzen, die im Kommunalwahlkampf mit dem Slogan „Nürnberg darf nicht katholisch werden" hausieren ging. Und dabei als wichtigstes Argument das uralte Stadtgerücht im Rücken wüsste, die Protestanten müssten, wenn die katholische Stadtgemeinde auf gleiche Größe angewachsen sei, eine der beiden Hauptkirchen St. Lorenz und St. Sebald abgeben. „Der Hinweis, dass dazu die gesamte deutsche Staatsgesetzgebung seit dem Westfälischen Frieden geändert werden müsste, war nur mühsam in der Lage, solche Gerüchte zu entkräften", schrieb Kelber damals in einem launigen Essay über die „Evangelische Stadt". „Heute sind wir eine besonders ökumenische Stadt", betont Dekan Michael Bammessel: „Neuer Konfessionalismus würde in Nürnberg heute nicht mehr verstanden."

Freilich, die markanten Bauten Nürnbergs, die vier Innenstadtkirchen ebenso wie die Stein gewordenen Glaubensmanifestationen der 1930er Jahre in den Vorstädten Maxfeld und Lichtenhof, das Heilig Geist Spital wie das Rathaus, die Denkmäler von Bürgern und Staatsmännern, verleihen der Stadt eine unübersehbare evangelische Prägung. Die meisten Nürnberger Kinder gehen in evangelische Kindergärten, die Stadtmission ist der größte soziale Träger und die Evangelische Jugend der größte Jugendverband der Stadt.

Wahrscheinlich ist das Landeskirchenamt also wirklich besser in München aufgehoben. In Nürnberg würde es kaum auffallen.

Thomas Greif

Literaturtipps:

Museen der Stadt Nürnberg (Hg.): Im Anfang war das Wort. Nürnberg und der Protestantismus. Ausstellungskatalog. Nürnberg 1996

Ev.-Luth.Gesamtkirchenverwaltung Nürnberg (Hg.): Evangelium und Geist der Zeiten. 450 Jahre Reformation in Nürnberg. Nürnberg 1975

Michael Diefenbacher, Rudolf Endres (Hg.): Nürnberger Stadtlexikon. Nürnberg 1999

Wo der Barock evangelisch ist

Rote Socken und schwarze Bändelhauben: Besonderheiten im bikonfessionellen Oettingen

Wo der Norden Schwabens allmählich fränkisch wird, liegt die Riesstadt Oettingen – ein Ort mit ganz eigenen konfessionellen Prägungen. Häuserzeilen und traditionelle Kleidungsstücke verraten hier etwas über die Konfessionszugehörigkeit.

Man muss nur mit offenen Augen durch Oettingen gehen: Kommt man von Süden durch das Königstor zum Marktplatz, fällt der Unterschied zwischen den Fachwerkgebäuden links und den Barockgiebeln rechts sofort ins Auge. Noch heute kann man an den Fassaden lesen, dass in dieser ehemaligen Fürstenstadt Evangelische und Katholische jahrhundertelang gegen-, neben- und miteinander gelebt haben.

Oettinger Konfessionsgeschichte spiegelt sich in den Häuserfassaden: rechts das Rathaus und „katholische" Fachwerkhäuser, links „evangelische" Barockgiebel. Wer hinter den altdeutsch-strengen Fachwerkgiebeln asketische Protestanten vermutet, hat sich also getäuscht. Im Hintergrund das Königstor

Katholisches Schloss und evangelische Kirche: St. Jakob, die evangelische Hauptkirche Oettingens, liegt in unmittelbarer Nachbarschaft zum Schloss der katholischen Fürstenlinie

In Oettingen, so erfährt man's dann im erstaunlich umfangreichen Heimatmuseum, waren „rote Socken" katholisch, hier konnte man schon von weitem an der schwarzen Bändelhaube einer Frau erkennen, dass diese in die evangelische Kirche zum Abendmahlsgottesdienst gehen würde. Hier gab es einst „evangelische" und „katholische Juden" und hier liegt noch heute ein katholisches Neues Schloss neben einer alten evangelischen St. Jakobskirche. Das Museum spiegelt das Selbstverständnis einer Stadt, die einmal Haupt- und Residenzstadt eines kleinen Fürstentums war.

Alles begann, als die Grafschaft Oettingen 1416 zwischen zwei Linien der herrschenden Familie aufgeteilt wurde. Die Stadt wurde an Straßen und Gassen entlang nach dem Schlüssel aufgeteilt: sieben Zwölftel von „sloß, lande, lute und gute" für die einen, der Rest für die anderen.

Als in den 20er- und 30er-Jahren des 16. Jahrhunderts überall in Deutschland der Geist der Reformation wehte, herrschten zwei Grafen im Erbteil der Oettinger Linie. Der eine, Graf Karl Wolfgang, lebte auf der Harburg und war auf den Reichstagen mit den drängenden Fragen der Reformation ganz unmittelbar in Berührung gekommen. In Nürnberg hatte er die Predigten von Andreas Osiander gehört. Der andere, Graf Ludwig XV., besetzte 1539 die Pfarrstelle von St. Jakob in Oettingen gegen den erbitterten Widerstand des zuständigen Eichstätter Domkapitels eigenmächtig mit einem Mann der Reformation. Der neue Pfarrer, Georg Karg, stammte aus Heroldingen im südlichen Ries und hatte in Wittenberg bei Luther und Melanchthon studiert.

Dass er Laienkelch und deutsche Predigt in St. Jakob einführte, stieß nicht nur auf Zustimmung in der Stadt. Die gräfliche Linie Oettingen-Wallerstein blieb katholisch; zu der herrschaftlich-steuerlichen Teilung kam jetzt der konfessionelle Graben dazu. Schon 1542 einigte man sich darauf, dass die Protestanten St. Jakob für ihren Gottesdienst bekommen sollten und die Altgläubigen die Kirche St. Sebastian.

Während des Schmalkaldischen Kriegs sorgte Kaiser Karl V. zwar kurzzeitig noch einmal für einheitliche Verhältnisse, als er 1547 Oettingen besetzte. Die reformatorische Familie Oettingen-Oettingen musste fliehen. Am Ende blieben aber die Besitzverhältnisse unangetastet und alles entwickelte sich weiter zu einer friedlichen Ko-Existenz. Dazu legte man immer weitere Details für das Zusammenleben fest. Die Zahl der Einzelregelungen zwischen den Konfessionen bis 1806, als das Fürstentum fast vollständig zu Bayern kam, ist schier unübersehbar. Fast alles gab es in Oettingen doppelt: zwei Bürgermeister und zwei Nachtwächter, eine evangelische und eine katholische Hebamme. Allein der Scharfrichter war alternierend zu besetzen. Der Rat der Stadt war hingegen paritätisch besetzt, und auch städtische Feierlichkeiten waren fair auf beide Kirchen verteilt.

Wirklich kompliziert wurde es im bikonfessionellen Oettingen ab 1582, als Papst Gregor seinen Katholiken eine Kalenderreform verordnete und die ihre Datumszählung um zehn Tage vorverlegten. Über 100 Jahre, bis 1700, galten in Oettingen wie im ganzen Reich zwei Zeitrechnungen nebeneinander, weil sich die Protestanten weigerten, die Neuerung aus Rom mitzumachen. Zu den konfessionellen Unterschieden im jährlichen Festkreis kam nun auch noch der Kalenderstreit. Die Auswirkungen für den Alltag einer Stadt kann man sich leicht ausmalen.

Dass zwischen den Konfessionen provoziert wurde, zeigt die Stadtchronik: Ein städtisches Dekret verbietet ausdrücklich das „Klopfen, Dengeln, Schlagen, Waschen" an den Feiertagen der anderen. Auch das Tanzen, Trommeln und Musizieren, das „Schlemmen, Schwelgen, Fressen und Saufen" war untersagt. Und Oettingens katholische Bauern trugen ihre leuchtend roten Wollsocken ganz bewusst. Niemals hätten die Evangelischen mit ihrer bewussten Schlichtheit so etwas getragen.

Adressen

Verkehrsamt der Stadt Oettingen, Rathaus, 86732 Oettingen. Tel. (09082) 70951, E-mail: verkehrsamt@oettingen.de, Internet: www.oettingen.de

Heimatmuseum, Hofgasse 14, Tel. (09082) 2315, E-Mail: heimatmuseum@oettingen.de, Internet: www.heimatmuseum-oettingen.de. ÖZ: Mi bis So von 14 bis 17 Uhr

Dekanat Oettingen, Pfarrgasse 1, Tel. (09082) 2236, E-Mail: Dekanat.Oettingen@elkb.de, Internet: www.drev.de/oettingen

Fürstenkrone im Wappen: Stadthistorikerin Petra Ostenrieder mit einem Aktenschrank der Stadtverwaltung

Die älteste Stadtansicht von Oettingen stammt etwa aus der Zeit um 1720

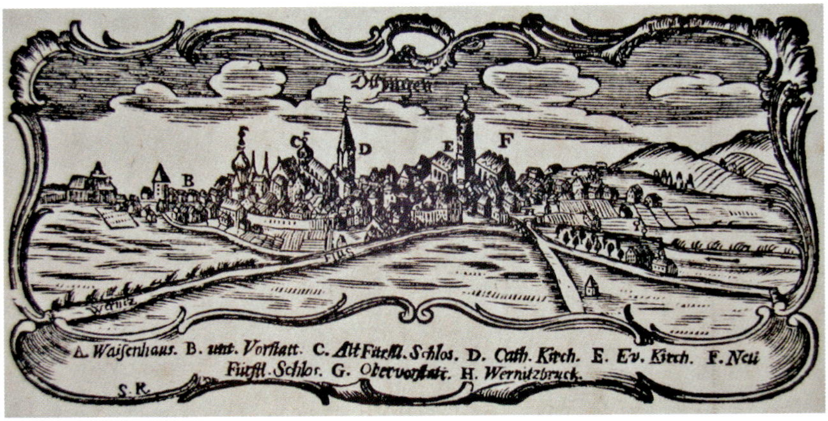

Jede Seite achtete sehr genau darauf, dass das fein austarierte Gleichgewicht nicht gestört wurde – beispielsweise durch den Verkauf eines „katholischen" Hauses an Evangelische. Lange Zeit fühlten sich die Katholiken unterlegen. Als von 1643 bis 1782 Jesuiten die katholische Gemeinde betreuten, nannten jesuitische Akten Oettingen als „Missionsstation" neben Chile, Paraguay und anderen Orten. Die evangelische Seite betonte ihre Rechte dann umso mehr, als 1731 „ihr" Haus Oettingen-Oettingen ausstarb und sie nun der katholischen Familie Oettingen-Spielberg zugefallen waren.

„Beide Fürstenfamilien hatten immer ein Interesse daran, dass die Stadt wirtschaftlich nicht vor die Hunde geht", sagt Petra Ostenrieder, Leiterin des Heimatmuseums. Deshalb setzten sie auf funktionierende Ordnungen und gewährten auch Juden Schutz – gegen Steuern. Damit gab es ein drittes Bekenntnis. In der Stadt entwickelte sich jedoch nicht nur eine, sondern gleich zwei jüdische Gemeinden, die bis ins 18. Jahrhundert hinein parallel existierten. Die jüdischen Oettinger lebten in der ganzen Stadt verteilt, je nach Wohnlage sprach man von „katholischen" oder „evangelischen Juden".

1933 lebten in der Stadt noch 66 Juden, von denen nur ein Drittel den Holocaust überlebte.

Die Konfessionsunterschiede spielen in Oettingen heute keine Rolle mehr. Aus der bis 1806 bestehenden „Oettingischen Landeskirche" ist das Dekanat Oettingen geworden. Mancher Oettinger ist sich keineswegs sicher, welches die evangelische und welches die katholische Häuserseite am Marktplatz ist. Und den traditionellen blauen Rieser Kittel gibt es schon lange als Wendekittel mit roter „katholischer" und weißer „evangelischer" Stickerei.

Markus Springer

Literaturtipps

Petra Ostenrieder: Wohnen und Wirtschaften in Oettingen 1600-1800. Untersuchungen zur Sozialtopographie und Wirtschaftsstruktur einer bikonfessionellen Kleinstadt. Augsburg 1993

Ernst Bezzel: Evangelische Gemeinden im Ries. Erlangen 1981

Evangelischer Panther im Staatswappen

Die ehemalige Reichsgrafschaft Ortenburg war die einzige evangelische Enklave in Altbayern

Jahrhunderte lang lebte man in der kleinen Grafschaft Ortenburg wie auf einer protestantischen Insel in einem katholischen Meer. Sanft wellen sich die Hügel zwischen Inn und Donau, am Horizont steigen die blauen Schatten des bayerischen Walds auf.

Nähert man sich der ehemaligen Grafschaft Ortenburg vom Tal des kleinen Flüsschens Wolfach her, scheint es, als stritten sich ein Schloss und ein Kirchturm um die Herrschaft über den Höhenzug und den im Tal liegenden Ort. Die älteren Rechte hat dabei das Schloss, das aus dem späten 16. Jahrhundert stammt. Die jüngere Kirche ist erst gute 100 Jahre alt. Und – sie ist katholisch.

Die evangelische Marktkirche schmiegt sich an den Hang über dem Wolfach-Tal, Bürgerhäuser wechseln sich in einem weitläufigen Ortsbild mit bäuerlichen Holzhäusern ab

Der Innenhof des Ortenburger Schlosses, das ein Ortenburger Bürger seit 30 Jahren liebevoll restauriert

Ortenburg war einstmals Altbayerns einzige evangelische Enklave. Und hier waren die konfessionellen Gegensätze vor hundert Jahren noch so stark, dass die katholischen Kirchenbauer bewusst versuchten, 300 Jahre Konfessionsgeschichte mit einer städtebaulichen Dominante zu korrigieren. Die ältere (aber auch kleinere) Kirche ist in Ortenburg die evangelische Marktkirche. Mit ihrem kleinen Zwiebelturm schmiegt sie sich unauffällig an den Hang. Die frühere Marien-Wallfahrtskirche steht ganz im Zeichen des Reichsgrafen Joachim (1530-1600), dessen Wappen den Chor ziert und der hier ein mächtiges Hochgrab hat. Er war es, der in Ortenburg die Reformation einführte und es schaffte, diese und sich selbst gegen die bayerischen Herzöge zu behaupten.

Schon seit der Münchner Herzog Albrecht IV. als Gewinner des Landshuter Erbfolgekriegs 1505 Ober- und Niederbayern vereinigen konnte, hatte er versucht, seine Gebiete zu bereinigen. Auch die Ortenburger Grafschaft, die bis auf eine kurze Grenze mit dem Passauer Fürstbistum ganz von bayerischem Gebiet umgeben war, störte da.

Doch die Ortenburger Grafen hatten ihre Reichsunmittelbarkeit als Trumpfkarte. Sie unterstanden direkt und einzig dem Kaiser. Der 1530 geborene Graf Joachim, seit 1551 an der Regierung, dachte überhaupt nicht daran, sich vertreiben zu lassen. Seit 1557 hatte er sich zudem als Anhänger der lutherischen Lehre zu erkennen gegeben, die damals noch in ganz Altbayern Menschen aus allen Schichten der Gesellschaft begeisterte. Zum besonderen Ärger des Münchner Herzogs Albrecht V. erklärte er sich als Wortführer der Protestanten 1563 auf dem Landtag in Ingolstadt offen für die Zulassung des evangelischen Glaubens im Herzogtum Bayern.

Eine Mehrheit im Landtag fand er damit zwar nicht. Aber er führte die lutherische Reformation nun einfach selbst auf seinem kleinen Territorium ein. Der Baiernherzog war „not amused" und besetzte 1564 Teile Ortenburgs, um den aufmüpfigen Grafen in die Knie zu zwingen. Ein erbitterter Rechtsstreit vor dem Reichskammergericht schloss sich an, zugleich verlor Joachim mit den großen Lehensgebieten des bayerischen Herzogs einen Gutteil seiner wirtschaftlichen Existenz.

Im März 1573 bestätigte das oberste Reichsgericht schließlich zwar die Reichsunmittelbarkeit der Ortenburger. Joachim war jedoch bereits so ruiniert, dass er sich 1584 gezwungen sah, in Amberg das recht ordentlich bezahlte Amt des Statthalters anzunehmen. In der oberen Pfalz war man calvinistisch, und Joachim passte sich des Jobs wegen an. Immer wieder haben Ortenburger Grafen seither aus wirtschaftlichen Gründen die Konfession gewechselt. Ihre Grafschaft blieb evangelisch, als einziges Territorium in Altbayern: In der Grafschaft Haag und der Herrschaft Hohenwaldeck wärte die reformatorische Epoche unter dem starken baierischen Druck nur wenige Jahre.

Einer der besten Kenner der Ortenburger Geschichte – besonders aus evangelischer Perspektive – ist Walter Fuchs. Unzählige Artikel und Aufsätze über Ortenburg stammen aus seiner Feder. Wenn Fuchs über die Aufnahme der oberösterreichischen Glaubensflüchtlinge spricht, die sich Anfang des 17. Jahrhunderts in Ortenburg niederlassen durften, spricht er von „Blutauffrischung" für die kleine evangelische Enklave. Viele österreichische Namen auf dem Steinkirchner Friedhof zeugen von dem Zuzug. Auch der Heimatforscher ist kein alteingesessener Ortenburger: Geboren wurde er

Das bayerische Staatswappen mit dem blauen „Ortenburger" Panther, der für Ober- und Niederbayern steht

Adressen

Tourist-Information Ortenburg, Marktplatz 11, 94496 Ortenburg, Tel. (08542) 16421, E-Mail info@markt-ortenburg.de, Internet: www.ortenburg.de

Schlossmuseum Ortenburg, Tel. (08542) 2174. ÖZ von 1. April bis 31. Oktober täglich von 10 bis 17 Uhr

Ev.-Luth. Kirchengemeinde Ortenburg, Kreppe 1, Tel. (08542) 7526.

Reichsgraf Joachim von Ortenburg, als Amberger Statthalter in den Diensten der Kurpfälzer Wittelsbacher, führte in seinem Territorium die Reformation ein

1932 im heute tschechischen Egerland. Über Umwege hat es den damaligen Flüchtling ins Niederbayerische verschlagen.

Die Ortenburger Geschichte und die Ortenburger Geschichten erscheinen schier unerschöpflich. So ist die ehemalige evangelische Enklave noch immer stolz darauf, dass man die allgemeine Schulpflicht 100 Jahre früher als Bayern eingeführt hat.

Die Witwe des recht streitsüchtigen Grafen Georg Philipp war's, Amalia Regina, eine geborene von Zinzendorf und Pottendorf (1663-1709) und Großtante des Herrnhuter Pietisten Nikolaus von Zinzendorf. Weil ihr Sohn noch minderjährig war, durfte sie regieren, worauf sie im Januar 1703 eine Schulordnung erließ, die den Schulbesuch für Kinder im Alter von fünf bis zwölf Jahren in ihrem Territorium zur Pflicht machte. Bis heute spiegelt sich die alte Ortenburger Schultradition in der evangelischen Realschule am Ort.

Und dann ist da noch die Sache mit dem blauen Ortenburger Panther, der eigentlich gar keiner ist, sondern aus Sponheim bei Rüdesheim stammt. 1950 ist er – sehr zum Verdruss mancher altbayerischer Heraldiker – in das bayerische Staatswappen eingewandert, wo er die Regierungsbezirke Ober- und Niederbayern symbolisieren soll. Es ist ein feiner Witz der Geschichte, dass der blaue Panther im Wappen des Freistaats Bayern beständig an die Geschichte der einzigen evangelische Enklave in Altbayern erinnert. Die Münchner Wittelsbacherherzöge, denen Ortenburg stets ein Stachel im katholischen Fleisch blieb, hätten wohl nicht gelacht.

Markus Springer

Thüringische Kanzel in Franken

Die Enklave Ostheim vor der Rhön kam erst 1972 zur bayerischen Landeskirche

Konfessionelle Inseln sind auf der historischen Landkarte Bayerns nichts Ungewöhnliches. Die Kirchengemeinde Ostheim vor der Rhön allerdings hatte jahrzehntelang einen Sonderstatus: Bis 1972 gehörte sie mit einigen Nachbarorten zur thüringischen Landeskirche, die von der bayerischen damals durch den Eisernen Vorhang getrennt war.

Die politische Flurbereinigung zu Beginn des 19. Jahrhunderts hatte die schon lange währende Inselsituation Ostheims nicht aus der Welt geschafft. Die Enklave verblieb beim Herzogtum Sachsen-Weimar-Eisenach, während die gesamte Umgebung an das Königreich Bayern fiel. Erst kurz nach dem Ende des Zweiten Weltkrieges wurde dieser Landstrich der Vorrhön - politisch gesehen - bayerisch. Weitaus langwieriger gestaltete sich die kirchliche Eingliederung dieses Gebiets, das in den Tagen der Reformation evangelisch wurde und – anders als viele andere Städte und Dörfer Unterfrankens – seinen Konfessionsstand auch in der Gegenreformation der Würzburger Fürstbischöfe behalten hatte.

Unmittelbar nach Kriegsende befand sich die evangelische Superintendentur Ostheim, zu der neben den Gemeinden Ostheim, Urspringen, Sond-

Die Kirchenburg Ostheim beherrscht seit knapp fünf Jahrhunderten das Stadtbild von Ostheim vor der Rhön. Diese idealisierte Stadtansicht fertigte Carl Maria Nicolaus Hummel gegen Ende des 19. Jahrhunderts

Das abschreckende Gesicht mit Hasenscharte samt der Inschrift „Teufel" am Hauptportal der Michaelskirche kann man im Sinne eines kämpferischen Konfessionalismus verstehen: Zu Beginn des 17. Jahrhunderts sahen sich die Ostheimer Lutheraner sowohl von den Calvinisten in Schmalkalden wie von den Katholiken im Bistum Würzburg bedroht

heim und Stetten auch die Orte Melpers, Frankenheim und Birx auf thüringischer Seite gehörten, in einer Art juristischem Niemandsland. Sie gehörte ja nicht zum Territorium der bayerischen Landeskirche; in den staatskirchlichen Vertragswerken kam sie daher nicht vor. Damit wurde sie von der bayerischen Finanzverwaltung auch nicht als Körperschaft des öffentlichen Rechts anerkannt und durfte folgerichtig keine Kirchensteuern erheben. Da Geldüberweisungen aus Thüringen in jenen Jahren nicht möglich waren, mussten sich die Ostheimer trickreich über die Runden helfen: Sie zogen ihre Kirchensteuern einfach selber und ohne Rechtsgrundlage ein. Und fuhren dabei nicht schlecht – gegenüber 1944 beispielsweise verfünffachten sich 1946 die Opfergaben der Gemeindezugehörigen. Not schweißt zusammen.

Spätestens mit der Währungsreform waren auch Geldbotenzuwendungen aus Thüringen unmöglich geworden. Zudem bröckelte die freiwillige Solidarität der Ostheimer Protestanten; die Verwaltung und Finanzierung der Enklave wurde immer schwieriger. Abhilfe schuf ein Kooperationsabkommen zwischen den benachbarten Landeskirchen, das ab 1954 die „Verwaltungsstelle Ostheim" der bayerischen Landeskirche angliederte, ohne dabei freilich an der formalen Zugehörigkeit zu Thüringen zu rütteln. Ostheimer Delegierte durften an den Tagungen der Dekanatssynode Bad Neustadt teilnehmen, hatten aber kein Stimmrecht.

Am deutlichsten sichtbar wurde die fortbestehende Trennung bei der Besetzung der Pfarrstellen: Sie hatte zunächst weiterhin von Eisenach aus zu geschehen, was angesichts der politischen Lage in Deutschland zunehmend schwieriger wurde. In Frage kamen ja nur thüringische Geistliche, die im Westen lebten. Tatsächlich trat mit dem Vikar Hermann Schüßler in Ostheim nur noch ein einziges Mal ein thüringischer Geistlicher sein Amt an. Zur Anstellungsprüfung musste Schüßler nach Eisenach fahren. Weil man ihm nicht gleich die Leitung der Superintendentur mit anvertrauen wollte, wechselte deren Sitz gleichzeitig ins kleinere Sondheim – eine weitere Kuriosität, die letztlich der deutsch-deutschen Teilung geschuldet war. Schüßlers Nachfolger Walter Roth war 1967 der erste bayerischer Geistlicher in Ostheim.

Fünf Jahre später kam es schließlich zur vollständigen »Eingemeindung« nach Bayern. Der damalige Landesbischof Hermann Dietzfelbinger vollzog sie 1972 nach einem Gottesdienst bei einem Empfang in der Ostheimer Rathausdiele mit der Feststellung: „Dieser Festakt macht schmerzlich die Trennung bewusst, die auch durch die Kirche geht." Die Kirchenvorsteher hatten für den Verbleib bei Thüringen plädiert, um die Verbindung zwischen den Staaten sowohl wegen der gemeinsamen Vergangenheit als auch um der Zukunft willen zu erhalten.

Die Verbindungen nach Thüringen wurden trotzdem gepflegt, vor allem, seit ab 1973 ein Vertrag den so genannten Kleinen Grenzverkehr regelte. Die bayerischen Christen nutzten die neun visumsfreien Besuche in Thüringen pro Quartal. Es gab gemeinsame Pfarrkonferenzen und diakonische Kontakte. Ostheim blieb weiterhin so etwas wie eine thüringische Kanzel in Franken. Wiederholt waren Oberhirten aus Eisenach, Weimar und Meiningen zu Gast, ein thüringischer Ruhestandspfarrer übernahm mehrmals Urlaubsvertretungen für seinen bayerischen Kollegen. Der Kirchenbaumeister aus Meiningen wirkte beratend an der Kirchenrenovierung in Sondheim mit.

Das Bewusstsein der Zusammengehörigkeit bestehe noch, und sei zurzeit eher wieder im Wachstum begriffen, findet der Ostheimer Pfarrer Christian Schümann. Er berichtet von engen Beziehungen zur 40 Kilometer entfernten Partnergemeinde Wasungen, von einem jährlichen Predigttausch und gegenseitigen Besuchen im Gottesdienst.

Dass Bayern und Thüringen auch auf anderer Ebene zusammenarbeiten, zeigt das gemeinsam herausgegebene Gesangbuch. Darin enthalten ist mit dem Choral „Unsern Ausgang segne Gott" (EG 163) ein Lied des Ostheimer Pfarrers Hartmann Schenck von 1680. Dessen Lebenslauf führt mitten hinein in die komplizierte Geschichte eines Landstrichs, dessen Schicksal es war, Durchgangsgebiet am Rande größerer Auseinandersetzungen zu sein. Sichtbare Zeichen dafür sind bis heute Kirchenburgen

Adressen

Gemeinde Ostheim vor der Rhön, Marktstr. 24, 97645 Ostheim vor der Rhön, Tel. (09777) 9170-0, E-Mail VG@ostheim.de, Internet www.rhoen-saale.net

Ev.-Luth. Pfarramt Ostheim v. d. Rhön, Kirchstraße 12, Tel.: (09777) 661.

Orgelbaumuseum Schloss Hanstein, Paulinenstraße 20, Tel.: (09777)1743, E-Mail: orgelbau-museum@ostheim.de Internet www.rhoen-linie.de/museum ÖZ: Mi bis Sa 10 bis 12 und 13 bis 17 Uhr, So und Feiertage 13 bis 17 Uhr Führungen nach Vereinbarung.

Die Kirchenburg Ostheim beherrscht seit knapp fünf Jahrhunderten das Stadtbild von Ostheim vor der Rhön. Sie gilt als schönste und besterhaltene Kirchenburg Deutschlands. Herzstück ist die St. Michaelskirche, umgeben von doppelten Ringmauern mit ihren Bastionen und den fünf Türmen

An die Herrschaft der Henneberger Grafen zwischen Thüringer Wald und Main erinnert die schwarze Henne im sächsischen Wappenschild über dem Haupteingang der Ostheimer Kirche (rechts)

Literaturtipps

Klaus Loreck (Hg.): Dekanat Bad Neustadt an der Saale. Ursprung und Leben evangelischer Gemeinden in Rhön und Grabfeld. Erlangen 1984

Albrecht Schübel: Das Evangelium in Mainfranken. Geschichte einer Diaspora. München 1958

und Wehrkirchen, die in Rhön und Grabfeld besonders häufig anzutreffen sind. Die prachtvolle Kirchenburg von Ostheim gilt als die größte in ganz Deutschland.

Entstanden ist sie im Spätmittelalter, das in diesem Gebiet vor allem von den Auseinandersetzungen zwischen Würzburg und Fulda geprägt war. Als der Bischof von Würzburg den Abt von Fulda in einer Schlacht besiegte und in »Verwahrung« nahm, fielen die seit rund 500 Jahren fuldaischen Dörfer des Amtes Lichtenberg 1366 an die Landgrafen von Thüringen. In der Folgezeit waren sie Spielball bei Finanzgeschäften und Gebietsabrundungen geistlicher und weltlicher Herrschaften, ehe mit dem Verkauf des Amtes Lichtenberg an die Grafen von Henneberg 1433/35 die »geschichtlichen Voraussetzungen für den Fortbestand der evangelischen Kirche in den Orten der Enklave« geschaffen wurden, wie der Urspringener Pfarrer Karl Zeitel schreibt.

1548 wurde in Urspringen die erste lutherische Predigt gehalten, kam nach Stetten ein lutherischer Pfarrer. Sondheim und Urspringen erhielten fünf Jahre später reformatorische Geistliche. Die Verbindungen zu Henneberg-Römhild, das nach dem Verkauf an die Grafen von Mansfeld 1555 im Herzogtum Sachsen-Weimar und 1921 in Thüringen weiterlebte, ist bis heute sichtbar: Die Henne im sächsischen Wappenschild findet sich in Kirche und Rathaus von Ostheim ebenso wie im alten Amtsstand der Kirche in Sondheim und an der Wetterfahne auf dem Stettener Kirchturm. Und bei der 1200-Jahr-Feier von Ostheim übernahm Prinz Michael von Sachsen-Weimar-Eisenach die Schirmherrschaft. Beate Krämer/Thomas Greif

Frieden – auch ohne Einheit

Der Passauer Vertrag bereitete 1552 den Boden für den Augsburger Religionsfrieden

Donau, Inn, Ilz – seit jeher lebt Passau von seiner Lage an drei Flüssen. Wo heute im Schatten des Doms Schiffe mit Flusskreuzfahrern festmachen, da legten im Frühsommer 1552 die einflussreichsten Fürsten des Reichs an, um, unter der Vermittlung des Passauer Bischofs, oben am Domplatz das Ende eines Religionskriegs zu verhandeln.

Zuvor hatte Kaiser Karl V. eine Demütigung erlebt: In einer Sänfte hatte sich der an Gicht leidende Herrscher halb Europas aus Innsbruck über den Brenner tragen lassen müssen, auf der Flucht vor den unaufhaltsam anmarschierenden Truppen der evangelischen Kriegsfürsten unter Moritz von Sachsen. Nun saß Karl im Kärntner Villach – gewissermaßen als Kaiser im Exil.

Er hatte es trotz Warnungen nicht glauben wollen: Moritz, der ihm bisher loyal Verbündete, mit dem er noch vor kurzem seine innenpolitischen Widersacher in die Knie gezwungen hatte und der durch ihn Kurfürst geworden war, wendete sich jetzt gegen ihn. Damit drohte ein entscheidender Rückschlag für sein religionspolitisches Programm. Im Kern hatte sich dieses in den letzten 30 Jahren nie geändert. Sein Credo: Nur mit einer einheitlichen, lateinisch-christlichen Religion kann es einen dauerhaften Frieden im Reich geben. Ob friedlich durch ein „allgemeines, freies, christliches Konzil", von dem auch das Augsburger Bekenntnis gesprochen hatte, oder mit Hilfe militärischer Gewalt, was Karl umso stärker favorisierte, je länger der reformatorische Spuk andauerte. Seine Agenda lautete: Erst die Religion, daraus das Recht, dann Friede als Frucht.

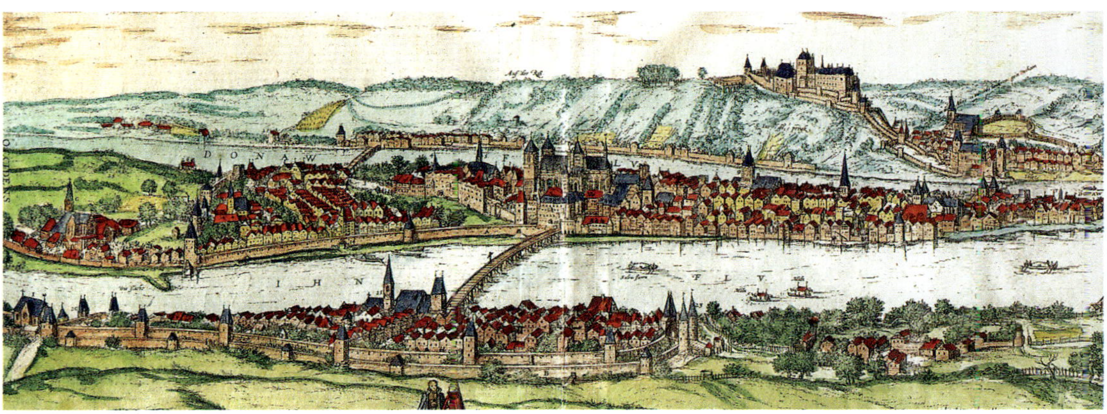

Leonhard Abents „Ansicht von Passau" entstand 1576

„Seaside" in Passau: Die Altstadt mit ihrer markanten Turmlandschaft

Sechs Jahre zuvor hatte Karl V. zugeschlagen, als ihm die außenpolitische Lage zwischen Türken und Franzosen ein wenig Luft ließ und der Papst mit Geld half. Vor allem aber hatte ein evangelischer Fürst, Herzog Moritz von Sachsen, entscheidend zu dem schnellen und gründlichen Sieg über die Protestanten beigetragen. Die Strafe für den besiegten Kurfürsten Johann Friedrich von Sachsen, den Beschützer der Wittenberger Reformation, war hart: Er verlor die Kurwürde und einen Gutteil seines Territoriums an Moritz. Der „Judas von Meißen" wurde so für seinen Verrat an der evangelischen Sache entlohnt.

Karl konnte nun religionspolitisch sein „Interim" durchsetzen, das zwar Laienkelch und Priesterehe für die Protestanten zuließ, faktisch aber die Reformation rückgängig machte. Überall wurden evangelische Prediger vertrieben, die Auflösung von Klöstern rückgängig gemacht und die alte Ordnung wieder hergestellt. Das evangelische Aufbegehren entlud sich im Fürstenaufstand, den Moritz von Sachsen anführte. Dem gewieften Taktierer Moritz, der sich gegen den Kaiser von Frankreich unterstützen ließ, war jedoch völlig klar, dass es eine militärische Lösung des Konflikts nicht geben würde. Dem Kaiser die Grenzen seiner Macht aufzuzeigen, das reichte ihm. Den Frieden und letztlich seine eigene territoriale Sicherheit suchte Moritz deshalb nicht an der Seite anderer Verbündeter, sondern beim »Feind«. Mit dem Kaiserbruder Ferdinand hatte er sich nämlich bereits vor dem Marsch auf Innsbruck getroffen.

Eine Verhandlungslösung und ein dauerhafter Friedensvertrag sollten her – in Passau, wo ein idealer Vermittler lebte: Bischof Wolfgang von Salm war seit 1530 Domherr in Salzburg und Passau. Sein Vater hatte in Ferdinands Heeren gegen die Türken gekämpft, er selbst war humanistisch gebildet und hatte ausgezeichnete Beziehungen zu Fürsten beider Konfessionen.

Rund 5000 Einwohner lebten in Salms Passau, das damals im Verhältnis größer und bedeutender als heute war. Im späten Mittelalter war die Stadt durch ihren Zwischenhandel mit österreichischem Wein, Salz aus Hallein und böhmischem Getreide wohlhabend geworden. Verkehrsgünstig an den drei Flüssen Donau, Inn und Ilz gelegen, bot sich die Stadt für die Fürsten auch wegen der bequemen Anreise mit dem Schiff an.

Für die Bewohner der Drei-Flüsse-Stadt waren die Verhandlungen der hohen Delegationen von Ende Mai bis Anfang August 1552 vor allem eine Belastung. Für den König, die Fürsten und anderen hohen Herren samt deren Gefolge mussten viele Passauer Bürger ihre Wohnungen räumen und in die Kammern ihrer Hinterhäuser ziehen. Die Stadt war voll, die Preise stiegen kräftig. Unter den vielen Räten, Schreibern, Bediensteten und Soldaten der Fürsten kam es ständig zu Streit, sogar Tote waren zu beklagen.

Man verhandelte im Kapitelsaal der Domherren im Starhemberghaus, von dem heute nur noch Mauerreste existieren. Durch Stadtbrände im 17. Jahrhundert schwer beschädigt, wurde das Haus 1724 durch das Lamberg-Palais ersetzt, dessen prachtvolle Fassade heute den Domplatz schmückt.

Über den Vertragsentwurf war man sich schnell einig. Dass „ein beständiger Friedstand" zwischen den Fürsten und Ständen im Reich herrschen solle „bis zu endlicher Vergleichung der spaltigen Religion", das war nur eine weitere Zwischenlösung, wie man sie seit 30 Jahren als Ergebnis der Reichstage kannte. Aber dass sich alt- und neugläubige Fürsten auf die Formulierung geeinigt hatten: „Falls es aber auf diesem Weg zu keiner Vergleichung

Adressen

Passau Tourismus,
Rathausplatz 3,
94032 Passau,
(Neues Rathaus),
Tel. (0851) 95598-0,
E-Mail tourist-info@passau.de,
Internet
www.passau.de

Domschatz- und
Diözesanmuseum
Passau,
Residenzplatz 8,
94032 Passau,
Eingang durch
den Dom,
Tel. (0851) 393-374,
ÖZ: Mo bis Sa
von 10 bis 16 Uhr

Wo heute am Passauer Domplatz das Lamberg-Palais steht, wurde 1552 der Passauer Vertrag ausgehandelt. Eine 1790 links neben dem Portal angebrachte Tafel erinnert an »den ersten Grundstein zur Christlichen Religionsduldung«

Ein Buch mit sieben Siegeln: Der Passauer Vertrag von 1552

kommt, soll dann nichtsdestoweniger der obengenannte Friedstand bestehen bleiben" – das war wirklich unerhört. De facto war das die erstmalige rechtliche Duldung von zwei Religionen im Reich.

Kaiser Karl, dem man den Vertragsentwurf nach Villach gebracht hatte, schäumte. Er weigerte sich, den Vertrag zu unterzeichnen. In einem dreitägigen Gewaltritt reiste daraufhin Ferdinand von Passau nach Kärnten zu seinem Bruder, um ihn umzustimmen. Ferdinand, der als König von Böhmen und Ungarn unmittelbar von den Türken bedroht war, brauchte den Frieden im Reich und die Hilfe der evangelischen Fürsten dringend.

Karl drohte, die Kaiserkrone hinzuwerfen, Ferdinand flehte unter Tränen. Karl strich die anstößige Formulierung, aber sein Konzept eines universalen, mit einer einheitlichen Religion verbundenen Kaisertums war endgültig gescheitert. Widerstrebend ratifizierte Karl V. den Vertrag am 15. August 1552 in München. Bald darauf zog er sich aus dem Amt zurück ins spanische Kastilien, wo es keine Protestanten gab. Ferdinand wurde 1556 für kurze Zeit Kaiser. Die Duldung der beiden Konfessionen im Reich wurde 1555 mit dem Augsburger Religionsfrieden indessen zur Dauereinrichtung.

Ein Dokument religiöser Toleranz ist der Passauer Vertrag aber nicht. Am Ende eines Krieges stand eine pragmatische, „realpolitische" Regelung der Religionsfrage. Erst ein militärisches Patt führte zur der Lösung, religiöse Fragen dauerhaft hintanzustellen und so für Frieden innerhalb des Reichs zu sorgen. Und hinter dem Augsburger Religionsfrieden zeigt sich bereits der Schatten des Dreißigjährigen Kriegs, der Deutschland so fürchterlich verheeren sollte und erst 1648, knapp 100 Jahre nach Passau, mit dem Westfälischen Frieden endete.

Markus Springer

Literaturtipp

Winfried Becker (Hg.): Der Passauer Vertrag von 1552. Neustadt/Aisch 2003

Regensburger Bürgerglaube

Die Reichsstadt wurde mit der Reformation evangelisch – der Katholizismus behielt seine prägende Kraft

Bei milderen Temperaturen ist Regensburg die italienischeste »citta veccia« nördlich der Alpen. Das ökumenische Klima war jedoch in den vergangenen Jahrhunderten meist frostig. Kaiser, bayerische Herzöge, Fürsten und der Stadtrat waren nur selten einig, wie der Glaube in der Donaustadt organisiert werden soll.

Kein Zweifel: Regensburg gilt als katholische Stadt. Die Türme des katholischen Doms bestimmen weithin die Silhouette, die vielen Klöster und das Schloss der katholischen Fürsten von Thurn und Taxis prägen das historische Stadtbild. Außerdem residiert hier ein sehr katholischer Bischof, der mit seinem eigenwilligen Führungsstil viel Medienpräsenz erreicht.

Auf fünf Katholiken kommt ein Protestant, heute ist Regensburg also evangelische Diaspora. Doch das war nicht immer so. Von 1542 bis 1803 war die freie Reichsstadt Regensburg evangelisch. Was jedoch nicht heißt, dass ganz Regensburg damit evangelisch gewesen wäre. Die Reichsstadt, das war die Einflusssphäre des Stadtrates, der sich 1542 der Reformation angeschlossen hatte. Die Vollbürger der Stadt waren damit evangelisch, die anderen – und das war oft die Mehrheit – katholisch.

Doch der Reihe nach. Etwa fünf Jahre nach Luthers Thesenanschlag, also 1523, tauchte sein reformatorisches Gedankengut in Regensburg auf und fiel auf fruchtbaren Boden. Der moralische Verfall der mittelalterlichen Kirche war hier offensichtlich. Nach der Vertreibung der Juden und dem Ab-

Das mittelalterliche Regensburg mit der steinernen Brücke

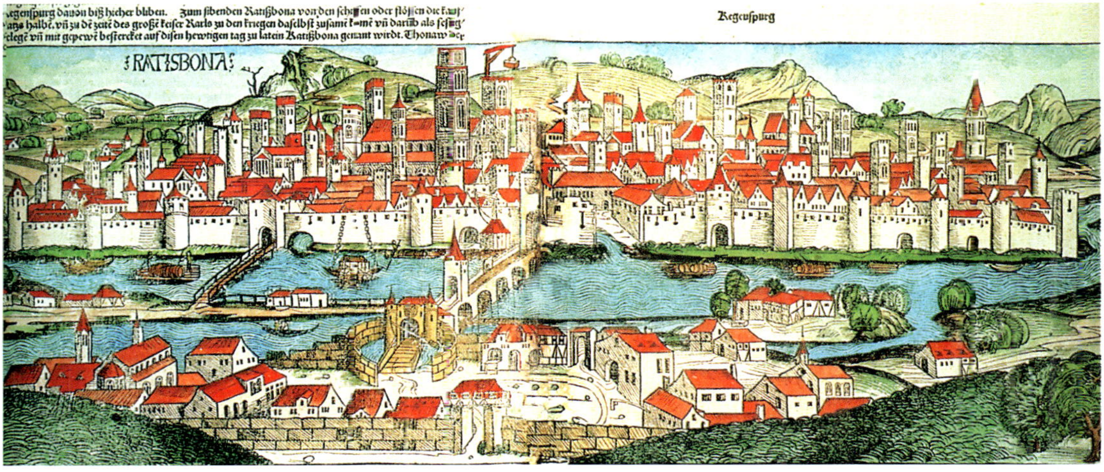

In der Neupfarrkirche (im Bild Pfarrer Ernst Reichold) wurde 1542 das erste evangelische Abendmahl gefeiert, links im Hintergrund der Dom

riss ihres Stadtviertels war an der Stelle der zerstörten Synagoge eine Wallfahrtskapelle errichtet worden. Abertausende pilgerten nun zur „Schönen Maria von Regensburg", die Stadt war dem Ansturm kaum mehr gewachsen. Angebliche Krankenheilungen und andere „Wunder" verursachten eine Massenhysterie, die dann aber viele Bürger der Stadt doch eher abstieß. Die Reformatoren prangerten die Missstände an und hatten damit Erfolg: Die Regensburger neigten bald vollzählig dem Protestantismus zu, in privaten Räumen und Kapellen feierten sie das Abendmahl mit Brot und Wein.

Eine zentrale Figur bei der evangelischen Unterrichtung der Regensburger war der Blaufärber Hans, der in Bibelstunden das Evangelium auslegte. In seine häuslichen Gottesdienste kamen bald mehr Zuhörer als in den Dom. Die Obrigkeit der Freien Reichsstadt zögerte jedoch mit einem offiziellen Übertritt zur lutherischen Lehre: Schließlich waren Regensburgs Schutzherr, der Kaiser, und der Herzog von Baiern als wichtigster Nachbar katholisch.

Regensburgs eigentliche Reformatoren waren der erste Superintendent Nikolaus Gallus (1516–1570) und Johann Hiltner. Hiltner, gebürtig aus Lichtenfels im oberen Maintal, war ein Freund Luthers, der als Ratskonsulent der Stadt den Protestantismus geschickt gegen päpstliche Legate, kaiserliche Stadthalter und reformationsfeindliche Reichsstände verteidigte. Zusammen mit dem Stadtkämmerer Andrae Wolff gehörte er zu denen, die am 15. Oktober 1542 in der Neupfarrkirche das erste evangelische Abendmahl einnahmen. Mit Verweis auf den Wunsch der großen Mehrheit der Bürger hatte der Rat beschlossen, den neuen Glauben offiziell einzuführen.

Möglich wurde dieser Schritt durch das „Regensburger Religionsgespräch" im Mai 1541. Auf Anregung Kaiser Karls V. rangen Vertreter des alten und des neuen Glaubens in der „Neuen Waag" am Heidplatz über die strittigen Fragen der Rechtfertigung, den Papst und das Abendmahl. Die beiden Sprecher Johann Eck und Philipp Melanchthon konnten dem Kaiser jedoch nach Anfangserfolgen keine Einigung präsentieren – Karl V. musste notgedrungen den einzelnen Gliedern des Reiches freistellen, welcher Seite sie zuneigten. Er konnte den Katholizismus auch nicht mehr mit Gewalt durchsetzen, denn er brauchte die protestantischen Reichsstände im Kampf gegen die Türken.

Das katholische Baiern reagierte auf den Schritt des Rates „nur„ mit einer Lebensmittelsperre, die bis 1546 anhielt. Zehn Jahre später richtete der Stadtrat eine protestantische Kirchenregimentsordnung ein, und 1651 verfügte er, dass in Zukunft das Bürgerrecht nur noch an Protestanten verliehen werden dürfe. Dies führte dazu, dass es in Regensburg bis 1803 nur noch drei katholische Bürgerfamilien gab. Die freie Reichsstadt war nun „pur evangelisch", wegen ihrer beschränkten Souveränität konnte der Beschluss jedoch nicht auf die ganze Bevölkerung ausgedehnt werden: Wer dem Herzog von Baiern, dem Bischof oder einem der drei katholischen Klöster unterstand, blieb katholisch, dazu alle Katholiken, die in die Stadt kamen, ohne das Bürgerrecht zu bekommen.

Es war paradox, dass in der evangelisch regierten Stadt bald mehr Katholiken als Protestanten lebten. Und es war ungewöhnlich für die damalige Zeit, dass dabei das geltende Recht eingehalten wurde: Der katholische Kirchenbesitz wurde nicht angetastet, kein Kloster wurde aufgelöst, der Dom blieb immer katholisch. Nur die Neupfarrkirche wurde evangelisch, und zwar nur deshalb, weil sie als einzige Kirche der Verwaltung des Stadtrates unterlag. Es war pure Notwendigkeit, dass der Stadtrat in der großen Not des Dreißigjährigen Krieges die Dreieinigkeitskirche als zweite evangelische Kirche baute.

In der Zeit der Gegenreformation beförderten Herzog und Kaiser noch einmal die katholische Sache in Regensburg: Jesuiten, Kapuziner und Karmeliten bauten in Regensburg auf reichlich vorhandenem bischöflichem Grund und Boden ihre Klöster. Gleichzeitig strömten aus Böhmen

Die Dreieinigkeitskirche wurde vom Rat der Stadt während des Dreißigjährigen Kriegs erbaut

Adressen

Regensburg Tourismus GmbH, Rathausplatz 3, 93047 Regensburg, Tel. (0941) 507-3410, E-Mail tourismus@regensburg.de, Internet www.regensburg.de

Ev.- Luth. Dekanat, Pfarrergasse 5, Tel. (0941) 592010, E-Mail dekanat.regensburg@elkb.de, Internet www.regensburg-evangelisch.de

Polemik aus den Sturmjahren der Reformation: „Lutherus caput veritatis – Papa autem Mendax": Luther ist das Haupt der Wahrheit, der Papst aber ist ein Lügner. Inschrift aus dem Jahr 1548 in der Sakristei der Neupfarrkirche

und Österreich protestantische Glaubensflüchtlinge in die Stadt. Die Integration war schwierig, aber bald bereicherten die Exulanten die Gesellschaft. Aus Linz kam 1626 beispielsweise der Astronom Johannes Kepler nach Regensburg.

Das einigermaßen friedliche Nebeneinander der Konfessionen brachte nicht nur Probleme, sondern verschaffte der Stadt Ende des 16. Jahrhunderts beim Kaiser ein größeres Gewicht. Er entschloss sich deshalb, in Regensburg den Immerwährenden Reichstag einzurichten. Dieser frühe Vorfahre des Europaparlaments brachte für eineinhalb Jahrhunderte barocken Glanz und internationale Gesandtschaften, darunter auch viele evangelische, in die Donaustadt.

Ein bauliches Relikt dieser Epoche ist der protestantische Gesandtenfriedhof an der Dreieinigkeitskirche. Zwischen 1641 und 1787 wurden hier 95 Diplomaten aus evangelischen Territorien des Reiches, die im Dienste verstorben waren, beigesetzt. Auch einige aus Österreich stammende adelige Exulanten sind hier beerdigt. Überhaupt spielte die Dreieinigkeitskirche in jeder Zeit eine herausragende Rolle: Hier besuchten die protestantischen Reichstagsgesandten den Gottesdienst, den sie von privilegierten Emporenplätzen aus verfolgen konnten.

Den freien Zugang zum Bürgerrecht gibt es seit dem Ende der Reichsstadt 1803. Die Säkularisierung ergab, dass der katholische Dom seither dem bayerischen Staat gehört. Zu den konfessionellen Kuriositäten dieser Stadt zählt deshalb, dass der bayerische Ministerpräsident Edmund Stoiber einmal einen ökumenischen Gottesdienst im Dom genehmigte, den der katholische Bischof verhindern wollte. Und als einmal der katholische Kirchenkritiker Eugen Drewermann in der evangelischen Dreieinigkeitskirche zu einem Vortrag Asyl bekam, drängten sich 1500 Menschen in den Bänken. Und auch hier kamen auf einen Protestanten fünf Katholiken. Helmut Frank

Literaturtipps

Peter Morsbach, Anton J. Brandl: Evangelische Kirchen in Regensburg. München, Zürich 1991

Mathias Freitag: Kleine Regensburger Stadtgeschichte. Regensburg 2004

Vom Scheitern eines Traumes

In Rehweiler im Steigerwald sollte eine pietistische Siedlerkolonie nach Herrnhuter Vorbild entstehen

Mit zwei Dingen ist der Markt Geiselwind im Bewusstsein des 21. Jahrhunderts vertreten: mit einem Freizeitpark und einer Autobahnausfahrt samt Autobahnkirche. Vom Ortsteil Rehweiler redet kaum jemand. Dabei hatte das Dorf mit seinen heute 247 Einwohnern in der ersten Hälfte des 18. Jahrhunderts eine große Zukunft vor Augen.

Stichtag für den Eintritt Rehweilers in die historische Exklusivität ist der 1. September 1734. Damals verkaufte der vormalige gräflich castellsche Amtmann Johann Georg Wolfgang Hertel sein „Gut und Örtlein" Rehweiler für 14.500 Gulden an seinen einstigen Zögling, den Grafen Ludwig Friedrich (»Lutz«) zu Castell-Remlingen (1707-1772). Der 27-jährige Fürst, der seine kleine Grafschaft gemeinsam mit seinen Brüdern regierte, war ein glühender Anhänger seines Vetters Nikolaus von Zinzendorf, des Gründers der pietistischen Brüdergemeine von Herrnhut in der Oberlausitz.

Die „Schlösslein-kolonie" mit den barocken Wohnhäusern auf beiden Seiten hinauf zur Kirche ist das Relikt der pietistischen Siedlungsgründung des Zinzendorf-Freundes Lutz von Castell-Remlingen

Die evangelische Kirche von Rehweiler ist unscheinbar und eine architektonische Besonderheit: Sie ist das einzige Beispiel einer Herrnhuter Saalkirche in Bayern. Bis 1974 trug sie statt des Dachreiters einen kleinen Turm

Spätestens bei einem Besuch im Winter 1730/31 hatte er sich wohl vom Herrnhuter Gemeinschaftsgeist anstecken lassen. Jedenfalls ging Graf Lutz schnurstracks daran, aus dem abgelegenen Steigerwald-Nest an der Straße zwischen Geiselwind und Abtswind ein pietistisches Gemeinwesen zu formen: Klein-Herrnhut in Franken.

„Bring mir einen tübingischen Bruder, dass er eine Zeitlang auf dem Rehweiler den Namen Jesu bekannt mache", schrieb der Graf in seinem frommen Feuereifer an Zinzendorf. Der half ihm tatsächlich, wo er konnte, besuchte seinen Vetter gar einmal an dessen neuem Lebensmittelpunkt, wo unterhalb der bestehenden Höfe die ersten Gebäude der künftigen Mustersiedlung entstanden: Ein Waisenhaus nach dem Vorbild des Hallenser Pietisten August Hermann Francke und ein Schlossbau, in dem sich Absolutismus und Demokratie auf eigenartige Weise kreuzten. Die so genannte „Schlössleinkolonie", in der man als Spaziergänger noch heute den Geist der Gründerzeit erahnen kann, besteht aus mehreren schlichten Einzelbauten, die einstmals miteinander verbunden waren, und heute als Wohnhäuser sowie – in einem Fall – als evangelisches Gemeindehaus genutzt werden.

Nicht recht voranging es dagegen mit dem Kirchbau, was erstaunt und gleichzeitig symptomatisch ist für die Gemengelage an Problemen, mit denen Graf Lutz bald zu kämpfen hatte. Seine fürstliche Verwandtschaft sah mit Misstrauen auf die geschlossene Gesellschaft, vorwiegend aus Zuwanderern aus Franken und Salzburg, die sich in Rehweiler bildete und die der Kirchenhistoriker Horst Weigelt als „Erweckte, aber auch Simulanten und

Querulanten" klassifiziert hat. Die castell'schen Jäger sollen angeblich des Öfteren während der Gottesdienstzeiten in Rehweiler erschienen sein, um mit dem Jaulen der Hunde die Gesänge der Gemeinde zu stören…

Der Gründerfürst bewog zwar immer wieder halbwegs prominente Geistliche auf Durchreise, zu seiner kleinen Gemeinde zu sprechen, doch fehlte dem Ort eine kontinuierliche geistliche Führerschaft. Zu allem Überfluss hatte sich Lutz bald auch noch mit dem einflussreichen Zinzendorf verkracht, der Rehweiler seither seinen wohlmeinenden Zuspruch entzog. Und dann war Lutz wohl nicht gerade ein Organisationstalent. So musste etwa die Eröffnung einer eigenen Druckerei „wegen üblen Verhaltens des Druckers" ausfallen. Da war die fabrikneue Druckereieinrichtung aber schon angeschafft.

Das Abenteuer Rehweiler kostete den frommen Fürsten – buchstäblich – das letzte Hemd auf dem Leib, denn in den späteren 1750er-Jahren gestand er gegenüber dem Würzburger Fürstbischof, er sei nicht einmal mehr in der Lage, sich standesgemäß zu kleiden. Da hatte die Kolonie, die mit so großen Hoffnungen gestartet war, ihren Zenit längst überschritten. Etliche der Pietisten aus Rehweiler zogen weiter in andere Brüdergemeinen. Der Graf begab sich häufig auf lange Reisen, wohl auch eine Art Flucht vor den Problemen, die sich zu Hause türmten. 1770 siedelte er, inzwischen mehr an der Alchimie und der Mineralogie interessiert, als Senior des Fürstlichen Hauses nach Castell, wo er zwei Jahre später starb und beigesetzt wurde.

Erst nach weiteren zwei Jahren, 1774, kam der Kirchbau von Rehweiler unter der Obhut von Lutzens Witwe Adriane Ferdinande zum Abschluss. Er ist, allem Scheitern zum Trotz, ein kostbares architektonisches Unikum, nämlich der einzige Herrnhuter Saalbau im evangelischen

Adressen

Ev.-Luth. Pfarramt
Rehweiler-Füttersee,
Rehweiler 12,
96160 Geiselwind,
Tel. (09556) 318.

Markt Geiselwind,
Marktplatz 1,
96160 Geiselwind,
Tel. (09556) 92220,
E-Mail:
markt@geiselwind.de,
Internet:
www.geiselwind.de

Ludwig Friedrich zu Castell-Remlingen wollte in Rehweiler seinen Traum von einer pietistischen Siedlergemeinschaft verwirklichen

So sah die „Schlössleinkolonie" 1870 aus, als sie von Wilhelm Preger gemalt wurde

Bayern. Zum 200-jährigen Jubiläum rekonstruierte man die über die Jahre verloren gegangene ursprüngliche schlichte Gestalt: Der Rokoko-Altar wanderte auf den Schwanberg, der kleine Turm verschwand. Aus der herkömmlichen West-Ost-Längsachse wurde ein Quersaal, dessen Sitzordnung um den Altar „den ursprünglichen Gedanken der Gemeinschaft von Rehweiler zum Ausdruck bringt", sagt Pfarrer Peter Schramm. Er spürt in seiner Arbeit in den Steigerwalddörfern rund um Rehweiler ein weiteres Erbe der spätbarocken Pietisten-Gemeinde – eine tiefe Frömmigkeit, die sich in zahlreichen Bibel- und Hauskreisen bis in die Gegenwart widerspiegelt. Und in zwei traditionell überdurchschnittlich guten Quoten: beim Spendenaufkommen für Diakonie und Mission und in der Anzahl der Pfarrer, Diakonissen und Missionarsfrauen, die aus dem kleinen Dorf in die Welt zogen. Bekanntester von ihnen war der einstige Oberkirchenrat und Kreisdekan in Ansbach, Georg Kern.

Thomas Greif

Literaturtipp

Horst Weigelt: Die Beziehungen zwischen Ludwig Friedrich zu Castell-Remlingen und Zinzendorf sowie ihr Briefwechsel. Ein Beitrag zur Geschichte des Herrnhuter Pietismus in Franken. Neustadt/Aisch 1984

Evangelisches Schaufenster zur Welt

Die Touristenstadt Rothenburg ob der Tauber ist seit 450 Jahren protestantisch geprägt

In der Statistik ist Rothenburg ob der Tauber eine größere Kleinstadt: Gut 11.500 Einwohner, Bahnhof, Autobahnausfahrt, Industriegebiet. Auf der touristischen wie auch der protestantischen Landkarte Bayerns ist Rothenburg ein Riese. Über zwei Millionen Fremde kommen Jahr für Jahr hierher, und was die Gäste aus aller Welt bestaunen, hat häufig viel mit evangelischer Geschichte zu tun.

Mehrmals täglich hebt General Tilly über den Dächern von Rothenburg seinen Feldherrnstab: Der „Meistertrunk" in der Nachbarschaft des Renaissance-Rathauses erinnert an das konfessionelle Zeitalter

Markantes evangelisches Wahrzeichen: die über 500-jährige St.-Jakobs-Kirche

Und das ist überhaupt das gewichtigste Pfund, mit dem die beiden Rothenburger Kirchengemeinden St. Jakob und Heilig Geist innerhalb der Landeskirche wuchern dürfen: »Wir sind die Visitenkarte der evangelischen Kirche für die ganze Welt«, sagt Dekan Dietrich Wünsch. Denn für viele Japaner, Franzosen oder Italiener ist der Besuch der Jakobskirche mit ihren spätmittelalterlichen Altären von Tilman Riemenschneider und Friedrich Herlin der biografische Erstkontakt mit dem Protestantismus. Jugendchöre aus den USA kommen, um sich den innigsten aller Herzenswünsche zu erfüllen – einen Konzertauftritt in St. Jakob oder der Franziskanerkirche.

Die erste Blüte der Stadt war zur Reformation schon vorbei. Die zweite kam mit der Entdeckung des städtischen Weichbildes durch romantisch inspirierte Reisende im 19. Jahrhundert. Die touristische Atmosphäre der Stadt, in der selbst McDonalds mit gusseisernem Zunftschild werben muss, stellt an die Hauptkirchengemeinde besondere Anforderungen: Das Angebot an Orgelkonzerten sucht im evangelischen Bayern seinesgleichen, und ein eigener Gästepfarrer kümmert sich um die geistlichen Bedürfnisse des Publikums.

Die Reformation hatte in Rothenburg zunächst einen vergleichsweise hitzigen Verlauf genommen. Da konnte es schon mal vorkommen, dass ein Ratsherr mitten im Gottesdienst zum Altar der Jakobskirche trat, den verdutzten Priester zur Seite drängte und das Messbuch zu Boden warf, geschehen am 27. März 1525. Die Feuerköpfe ihrer Zeit, Andreas Karlstadt und Florian Geyer, agitierten in der Stadt, die ihr Eintreten für die Interessen der aufständischen Bauern im Bauernkrieg mit einem blutigen Strafgericht des

Ansbacher Markgrafen bezahlen musste. Erst ab 1544 wurde in Rothenburg die herkömmliche Messfeier abgeschafft. Dass in Rothenburg der evangelische Dekan unter einer prächtigen Stuckdecke in einem fotogenen Altstadtbau residiert, dass sich das Gemeindehaus in einem Renaissancepalast befindet, dass schließlich heute in beiden großen Innenstadtkirchen evangelisch gepredigt wird, sind Früchte jener Entscheidung.

Im Falle der Franziskanerkirche ist das allerdings weniger selbstverständlich, als man beim Blick in die reichsstädtische Geschichte glauben mag. Denn das Gotteshaus mit seinem Epitaphien- und Altarschatz hätte Mitte der 1980er-Jahre an die katholische Kirche übergehen sollen. Die Angelegenheit schlug hohe ökumenische Wellen, weil die Jakobsgemeinde als Besitzerin zwar den Katholiken ein langfristiges Nutzungsrecht einräumen wollte, zu einer formellen Eigentumsübertragung aber nicht bereit war. Die katholische Gemeinde lehnte diese „ökumenische Lösung", wie der seinerzeitige Dekan Johannes Rau formuliert hatte, ab und ging ganz leer aus. Denn nun beschloss der Kirchenvorstand, die Franziskanerkirche zu behalten und mit evangelischem Leben zu erfüllen. Inzwischen hat sich die ökumenische Lage so entspannt, dass die gemeinsame Feier ökumenischer Stadtkirchentage möglich ist.

Auch die berühmteste Episode der Stadtgeschichte hat mit konfessionellem Hader zu tun, der seinerzeit freilich noch mit härteren Bandagen aus-

Adressen

Tourismus Service, Marktplatz, 91541 Rothenburg o.d.T., Tel. (09861) 404-800, E-Mail info@rothenburg.de, Internet www.rothenburg.de

Ev.-Luth. Pfarramt, Klostergasse 15, Tel. (09861) 700620, E-Mail pfarramt@rothenburgtauber-evangelisch.de, Internet www.rothenburgtauber-evangelisch.de

Reichsstadtmuseum, Klosterhof 5, Tel. (09861) 939043, E-Mail: reichsstadtmuseum@rothenburg.de, Internet www.reichsstadtmuseum.rothenburg.de, ÖZ täglich von 10 bis 17 Uhr.

Das einstige Kurbad und heutige Tagungszentrum Wildbad

Rothenburg in einem Kupferstich aus der „Topographia Germaniae" von Matthäus Merian (1648). Die Kupferplatte wurde zu Beginn des 19. Jahrhunderts im Auftrag des bayerischen Königs, der neuer Landesherr in Rothenburg war, unter geringen Eingriffen überarbeitet. So ist oben links das kurbaierische Wappen zu sehen

getragen wurde. Sie spielt 1631, mitten im Dreißigjährigen Krieg, und erzählt vom zornigen katholischen Feldherrn Tilly, der 1631 über den Verteidigungswillen der evangelischen Reichsstadt derart erbost gewesen sein soll, dass er die Hinrichtung der Ratsherren befahl. Tillys Sinneswandel bewirkte erst die heldenhafte Tat des Altbürgermeisters Nusch, der einen Humpen mit 3¼ Litern Frankenwein auf Ex leerte, weil der Feldherr für diesen Fall launig Schonung versprochen hatte.

Was davon wahr ist? Immerhin hat der Verein „Der Meistertrunk", der seit 1881 ein gleichnamiges Bühnenspektakel aufführt, nachweisen können, dass Tilly seinerzeit tatsächlich in Rothenburg weilte. Warum die Stadt bei der kaiserlichen Besetzung glimpflich davonkam, hatte allerdings wahrscheinlich denn doch andere Ursachen als die Trinkfestigkeit eines älteren Herren, mag die Szene auch tagtäglich mehrmals im Dachgeschoss der Ratstrinkstube, angetrieben von einer mechanischen Uhr, nachgespielt werden. Als Werbeträger ist der Meistertrunk jedenfalls unschlagbar.

Abseits der reichsstädtischen Tradition existieren noch zwei weitere Kristallisationspunkte evangelischen Lebens. Den Namen Rothenburgs im inoffiziellen Titel trägt das Evangelische Sonntagsblatt aus Bayern, das seit 1884 am Ort erscheint. Und mit dem Wildbad besitzt die Landeskirche hier seit 1981 ein mondänes Tagungszentrum, das nur deshalb unters Dach der Kirche kam, weil man so die Übernahme durch eine undurchsichtige Sekte verhindern konnte. „Das Ambiente ist hier der Luxus, nicht die Ausstattung", verteidigt der Dekan das Jugendstil-Juwel, das bei Empfängen gerne als Kulisse taugt, wenn es besonders gediegen zugehen soll. Wie lange das Geld dazu noch reicht, ist eine andere Frage.

Thomas Greif

Literaturtipps

Ev.-Luth. Kirchengemeinde St. Jakob Rothenburg (Hg.): 500 Jahre St. Jakob. Rothenburg 1985

Manfred Vasold: Geschichte der Stadt Rothenburg ob der Tauber: zugleich ein Stadtführer, Stuttgart 1989

Karriere einer Einöde

Das Diakoniedorf Rummelsberg ist ein kirchliches wie bauliches Unikum in Bayern

Nur wenige Einödhöfe in Bayern haben eine solche Karriere hinter sich. 1904 bestand die „Einöde Rummelsberg" im Nürnberger Südosten aus einem kaum erreichbaren Bauernhof mitten im Wald, in dem sieben Menschen hausten. Hundert Jahre später leben fast 1000 Menschen hier; Rummelsberg bietet rund 1800 Arbeitsplätze

Einödigkeit wie zu Kaisers Zeiten herrscht heute allenfalls noch, was die Besitz- und Sozialverhältnisse angeht: Denn das Dorf im Nürnberger Südosten kennt nur einen einzigen Grundstückseigentümer, Arbeitgeber und Vermieter, nämlich die Rummelsberger Anstalten.

Bis zum Beginn des letzten Jahrhunderts taugte Rummelsberg allenfalls für eine Fußnote in lokalhistorischen Traktaten. Ein Nürnberger Kupferstich aus der Barockzeit idealisierte den einstigen Herrensitz „Rumetsberg" als ländliches Gartenidyll, von dem aber bald nichts mehr übrig war außer dem Flur-

Das Luftbild verdeutlicht die Einzigartigkeit des Diakoniedorfes Rummelsberg: Es liegt mitten im Wald und besteht ausschließlich aus Wohn- und Betriebsgebäuden der Rummelsberger Anstalten. Im oberen rechten Bildbereich die Philippuskirche und die ehemalige Diakonenanstalt mit dem damaligen Pfarrhaus

Eine Impression aus der Rummelsberger Gründerzeit: Unterricht in der Diakonenschule anno 1909

namen „Schlossacker". Ein gewisser Michael Rißmann verkaufte, was von dem einstigen Patriziergut übrig geblieben war, im Jahr 1903 an den Landesverein für Innere Mission. Dessen Nürnberger Diakonenanstalt war bis dato alles andere als ein Erfolgsmodell gewesen – es fehlten vernünftige Arbeits- und Übungsfelder, und fast die Hälfte der eingetretenen Diakone suchte nach kurzer Zeit schon wieder das Weite.

Auf der Suche nach einem soliden Tätigkeitsfeld kam den Vereinsoberen das königlich-bayerische „Zwangserziehungsgesetz" zupass. Es sah vor, die Unterbringung Minderjähriger in Erziehungs- oder Besserungsanstalten aus öffentlichen Kassen zu bestreiten. Nun ließen sich endlich Nägel mit Köpfen machen. Der Landesverein strich vorläufig die anderen Optionen, nämlich „Krüppelpflege, Blöden- und Epileptischenpflege" und machte die „Erziehung verwahrloster Knaben im konfirmierten Alter" zu seiner vornehmsten Aufgabe. Ein Jahr nach dem Grundstückskauf begann in der Einöde des Waldes der Bau der neuen Diakonenanstalt. Am 17. April 1905 zog Gustav Zimmerer als erster Diakon hinaus auf den Bauplatz und streute vier Tage später symbolträchtig die erste Saat in die Erde. Das Rummelsberger Jahrhundert hatte begonnen.

Als historische Stätte lässt sich das Diakoniedorf nur schwer erleben. Hundert Jahre ist kein Alter; Rummelsberg hat so gar nichts Museales, wohl auch deshalb, weil das Geld nie so üppig vorhanden war, dass davon etwas für Repräsentation übrig gewesen wäre, mal abgesehen vielleicht vom ältesten Gebäude, der kaiserzeitlich geprägten Diakonenanstalt. „Die Rummelsberger Rektoren war immer Bettler' , sagt Karl-Heinz Bierlein, der es wissen muss – schließlich hat er das Amt, das inzwischen den klingenden Namen „Vorstandsvorsitzender" trägt, seit 1997. Dennoch lohnt ein Spaziergang durch das weitläufige Areal aus Bauten, Wald und Parklandschaft. Rummelsberg ist ein bescheidener Spiegel der Architektur des 20. Jahrhunderts – vom erkerbekrönten fränkischen Landpfarrhaus der Gründerjahre über die Zweckbauten der 1930er und 1950er Jahre bis zu den schicken Klinkneulingen der jüngsten Zeit. Rummelsberg war und ist immer auch eine Baustelle.

Eine Sonderrolle in jeglicher Hinsicht spielt die Philippuskirche. Sie steht auf dem höchsten Punkt des Ortes und trägt nicht zufällig die Hausnummer „Rummelsberg 1". Über 20 Jahre lang hatten die Diakone mit ihren Zöglingen die Gottesdienste im vergitterten Speisesaal des Anstaltsgebäudes gefeiert, obwohl doch das geistliche Element in der Erziehung qua Satzung eine besondere Rolle spielen sollte. 1927 erst wurde das neoromanische Gotteshaus, aus eigenem Bauholz, eigenen Steinen und mit eigenen Kräften errichtet, eingeweiht. Das Altarbild erinnert die Rummelsberger Diakone bis heute an den geistlichen Kern ihrer Arbeit, die sieben Werke der Barmherzigkeit. An die Brüderzahl im Erbauungsjahr erinnert die Philippuskirche auf eigenwillige Weise: An der Kirchendecke wölbt sich ein gemalter Sternenhimmel mit genau 234 Sternen über den Besuchern. Einrichtungsgegenstände stammen aus Augsburg oder Neuendettelsau, das Pfarramt führt in einer Art landeskirchlichem Modellfall ein Rummelsberger

Adresse

Referat Öffentlichkeitsarbeit der Rummelsberger Anstalten, Rummelsberg 47, 90592 Schwarzenbruck, Tel. (09128) 502239, E-Mail info@rummelsberger.net Internet www.rummelsberg.de

Auf diesem Bauernhof begann 1905 die Arbeit der Rummelsberger Diakone. Auf dem Gelände steht heute die Schule zur Erziehungshilfe

Die Philippuskirche ist seit 1927 die bauliche und geistliche Mitte von Rummelsberg. Erbaut wurde sie von dem Nürnberger Architekten Christian Ruck im neoromanischen Stil

Diakon. „Nirgendwo in Bayern gibt es eine solche Integrationsstätte von Kirche und Diakonie wie hier", sagt Bierlein.

Neben diese evangelische Eigenart der einstigen Einöde tritt eine kommunalpolitische. Denn Rummelsberg ist innerhalb der Gemeinde Schwarzenbruck so etwas wie ein Staat im Staate. Die Rummelsberger, 1948 vom Landesverein für Innere Mission in die Eigenständigkeit entlassen, räumen ihre rollstuhlgerechten Straßen und Wege selber und organisieren die Müllabfuhr in eigener Regie. Jeder Pflasterstein und jedes Fichtenbäumchen, insgesamt stolze 200 Hektar Land, gehört den Rummelsberger Anstalten, und alles unterliegt peinlicher Pflege. „Die Ortsgestaltung ist ein Stück Therapie", betont der Vorstandsvorsitzende.

Die politische Gemeinde enthält sich sorgsam jeglicher Eifersucht – denn immerhin sitzt hier der mit Abstand größte Arbeitgeber der Kommune: 1800 Arbeitsplätze bieten die Rummelsberger allein an ihrem Stammsitz, die meisten davon in den großen diakonische Einrichtungen vor Ort, dem Jugendhilfe-Zentrum, den Seniorenheimen, dem Krankenhaus und dem Berufsbildungswerk Wichernhaus. Nochmal doppelt so viele Menschen arbeiten an den zahlreichen Außenstellen in ganz Bayern, nicht zu vergessen die Diakone, die an vielen kirchlichen oder diakonischen Arbeits- und Schaltstellen sitzen, vom Jugendreferenten bis zum örtlichen Diakoniewerkschef.

Thomas Greif

Literaturtipps

Gerhard Wehr: Gutes tun und nicht müde werden. Ein Jahrhundert Rummelsberger Diakonie. München 1989

Helmut Winter (Hg.): Zum Leben helfen. Aus der Geschichte der Rummelsberger Anstalten 1948 bis 2001. Feucht 2001

Protestantische Inseln

Schweinfurt und die Reichsdörfer Gochsheim und Sennfeld mussten lange um ihren Glauben ringen

Wie fast alle Freien Reichsstädte bekannte sich auch Schweinfurt zur Reformation. Im Windschatten der Schweinfurter segelten seinerzeit auch Gochsheim und Sennfeld – Dörfer vor den Toren der Stadt, die reichsunmittelbar waren und nur dem Kaiser unterstanden. Ihren Glauben mussten alle drei Gemeinwesen gegen den großen Gegenreformator Julius Echter von Mespelbrunn und seine Nachfolger zäh verteidigen, waren sie doch vollständig von fürstbischöflich-würzburgischem Gebiet umgeben. Am Ende taten sie es aber mit Erfolg.

In Schweinfurt hatte bereits 1532 der sächsische Hofprediger Georg Spalatin in der Liebfrauenkirche, der heutigen Salvatorkirche, den ersten evangelischen Gottesdienst gefeiert. Wegen des großen Andrangs mußte er seine Predigt „am zweyten Ostertage und in der Folge . . . außerhalb der Kirche unter freyem Himmel" wiederholen. Neun Jahre später trug die

Mit dem charakteristischen prächtigen Kopfschmuck, einem Zylinder mit so genannten Liebesbändern, erscheinen die Burschen zum Plantanz in Gochsheim. Der Tanz ist Teil der Feierlichkeiten, mit denen die ehemals freien Reichsdörfer Gochsheim und Sennfeld bei Schweinfurt alljährlich die Wiedererlangung der Reichsfreiheit nach den Glaubenskriegen begehen

Die evangelische Hauptkirche St. Johannis ist mit rund 800 Jahren das älteste Gebäude in der Schweinfurter Innenstadt

Stadt dem Landgrafen Philipp von Hessen die Schutzherrschaft an, der Johann Sutelius als Reformator entsandte. Diese politische Verbindung brachte den Schweinfurtern nach dem Schmalkaldischen Krieg eine hohe Strafe ein. Doch der Augsburger Religionsfriede sicherte auch in Schweinfurt und den zur Reichsstadt gehörigen Dörfern Oberndorf, Zell, Weipoltshausen und Madenhausen den Fortbestand der reformatorischen Lehre. Die Stadt wurde zum Zufluchtsort für Glaubensgenossen, die aus dem Hochstift Würzburg vertrieben wurden, was Schweinfurt einen enormen Zuwachs an Kultur und ökonomischer Leistungsfähigkeit bescherte. Sie zog aber auch den Zorn des Fürstbischofs auf sich, der 1587 begann, die Stadt von jeglicher Warenzufuhr abzuschneiden. Kaiser Rudolf II. hob die Grenzsperre 1594 wieder auf.

Um 1540 hatten auch Gochsheim und Sennfeld die neue Lehre eingeführt. Doch im Dreißigjährigen Krieg gerieten sie zwischen die Fronten der katholischen Kaisertreuen und der protestantischen Schweden. 13 Jahre lang unterstanden Gochsheim und Sennfeld dem Würzburger Fürstbischof, ehe sie 1649, ein Jahr nach dem Westfälischen Frieden, ihre Reichsfreiheit und damit ihre Religionsfreiheit zurückerhielten.

Das Friedensfest aus Freude über diesen Anlass wird bis heute in den beiden Dörfern mit reichen Traditionen am 12. Sonntag nach Trinitatis beziehungsweise am ersten Septemberwochenende gefeiert. Im Zentrum steht der Dorfmittelpunkt, der so genannte Plan. Dieser wird festlich geschmückt, ehe sich die Plan-Paare, ursprünglich evangelische, unbescholtene Bauernsöhne und -töchter, zum Plantanz einfinden.

Heute bereitet die Ökumene in den ehemaligen freien Reichsdörfern kaum Probleme. Es kann schon einmal vorkommen, dass Katholiken vom evangelischen Pfarrer beerdigt werden und Protestanten vom katholischen Priester. Anno 1592 war das ganz anders: Als damals der römisch-katholische Christoph Heinrich von Erthal von einem katholischen Geistlichen in der Familiengruft in der inzwischen evangelischen St. Michaelskirche von Gochsheim begraben werden sollte, rückten die protestantischen Dorfbewohner mit Äxten, Speeren und Heugabeln an. Fürstbischof Julius Echter setzte den evangelischen Pfarrer als mutmaßlichen Anstifter des Widerstands ab, erzwang aber keine Rekatholisierung.

1632, als die Schweden auf dem Höhepunkt des Dreißigjährigen Krieges große Teile Süddeutschlands kontrollierten, belehnten sie das evangelische Schweinfurt mit der Reichsvogtei und damit auch der Aufsicht über Sennfeld und Gochsheim. Eine kurze Blüte brachte diese Zeit auch den Schweinfurtern: Sechs lutherische Pfarrer begrüßten Schwedenkönig Gustav Adolf mit einer lateinischen Rede, ehe er die Stadt betrat. Er plante, Schweinfurt zu einem schwedisch-evangelischen Hauptstützpunkt im Süden zu machen, insbesondere hier ein „Gymnasium Academicum" mit Promotionsrecht zu gründen.

Doch die schwedische Niederlage 1634 bei Nördlingen kehrte alles wieder um. Der Würzburger Fürstbischof bekam die „rebellischen" Dörfer, nunmehr ihrer Reichsfreiheit beraubt, als Erblehen zugesprochen. Als die Schweden im Winter 1647/48 zurückkehrten, nahmen sie wenig Rücksicht auf die Glaubensgenossen der ehemals freien Reichsdörfer. Der schwedische Stadtkommandant von Schweinfurt ließ im Kampf gegen katholische bayerische Truppen Sennfeld bis auf drei Häuser abbrechen

Adressen

Tourist-Information im Museum Georg Schäfer, Brückenstraße 20, 97421 Schweinfurt, Tel. (09721) 51-498, E-Mail tourismus@schweinfurt.de, Internet: ww.schweinfurt.de

Bibliothek Otto Schäfer, Judithstraße 16, 97422 Schweinfurt, Tel. (09721) 3870970, E-Mail: DOSStiftung@aol.com, Internet: www.bibliothek-otto-schaefer.de ÖZ: Di bis Fr von 14 bis 17 Uhr, Sa, So und Feiertage von 10 bis 17 Uhr.

Dekanat Schweinfurt, Martin-Luther-Platz 18, 97421 Schweinfurt, Tel. (09721) 23585, E-Mail: Dekanat.Schweinfurt@elkb.de, Internet: www.schweinfurt-evangelisch.de

Die Wappenplatte für den schwedischen Rittmeister Boo von Ochsenkop in St. Johannis erinnert an die kurze schwedische Epoche der Reichsstadt

Das Konfessionsbild im Herrenchor der Johanniskirche ist das älteste aus Süddeutschland bekannte Bild dieser Art. Es stammt aus dem späten 16. Jahrhundert

und das Holz nach Schweinfurt schaffen, wohin auch die Bewohner flüchteten. Erst der Westfälische Friede 1648 brachte auch für die Reichsdörfer Sennfeld und Gochsheim friedlichere Zeiten. 1649 erhielten sie ihre Reichsfreiheit zurück.

Ein großes Wachstum erlebte die evangelische Gemeinde in Schweinfurt noch einmal im Zuge der Industrialisierung im 19. und 20. Jahrhundert und nach dem Zweiten Weltkrieg. Unter den neueren Kirchbauten ist die Auferstehungskirche, deren Pläne von dem berühmten Architekten Olaf Andreas Gulbransson stammen, die bekannteste.

Das einst schwierige Verhältnis zwischen den Konfessionen hat sich gänzlich entspannt. So betreiben das evangelische und ein katholisches Dekanat seit Jahren einen gemeinsamen Internet-Auftritt (www.dekanat-schweinfurt.de), unter dem sich Gemeinden und Einrichtungen beider Konfessionen vorstellen. Im Herbst vergangenen Jahres wurde die örtliche Arbeitsgemeinschaft christlicher Kirchen (AcK) gegründet.

Die zahlenmäßige Mehrheit haben die Protestanten in Schweinfurt schon lange verloren. Auf gut 25.000 Katholiken kommen heute rund 16.000 Evangelische und 12.000 Menschen anderer Glaubensrichtungen. Doch das evangelische Denken prägt die Stadt noch immer stark - angefangen von der gotischen evangelischen Hauptkirche St. Johannis im Stadtzentrum, dem ältesten Gebäude Schweinfurts, in der alle ökumenischen Gottesdienste zu besonderen Anlässen stattfinden, bis hin zu den evangelischen Gründerfamilien und der größten evangelischen Frauenbundgruppe Deutschlands.

Beate Krämer

Literaturtipp

Johannes Strauß und Kathi Petersen (Hg.): Streiflichter auf die Kirchengeschichte in Schweinfurt. Schriften zum 450-jährigen Jubiläum der Reformation in Schweinfurt. Schweinfurt 1992

Erich Schneider und Roman von Götz: Evangelische Kirchen in Schweinfurt. Großer Kunstführer Schnell & Steiner, Regensburg 1997

Schwieriger Kompromiss

In Sulzbach fanden die Konfessionen einen ungewöhnlichen Modus Vivendi: das Simultaneum

Wenn man vom Turm der evangelischen Christuskirche auf die Altstadt von Sulzbach-Rosenberg blickt, wird viel Geschichte auf kleinem Raum sichtbar: nebenan die Giebel des spätgotischen Rathauses, die katholische Stadtpfarrkirche St. Marien. Keine hundert Meter Luftlinie entfernt liegt das Sulzbacher Schloss, das um 1618 kräftig ausgebaut wurde, und die Klosterkirche St. Hedwig aus dem 18. Jahrhundert.

Auch ein Blick in die Ferne zeigt, wie eng Vergangenheit und Gegenwart in Sulzbach-Rosenberg miteinander verwoben sind. Von einem der typischen Hügel der Oberpfälzer Alb strahlt hell die Wallfahrtskirche St. Anna, die Herzog Christian August 1656 nach seinem Übertritt zum katholischen Glauben bauen ließ. Dunkel ragen etwas weiter hinten die Kamine des Stahlwerks

Geschichtsbeladener Rundblick: Vom Turm der evangelischen Christuskirche bietet sich ein Panorama der Sulzbacher Stadthistorie

Zu den verbliebenen Simultaneen im einstigen Herzogtum Sulzbach gehört jenes von Illschwang

Maxhütte im Stadtteil Rosenberg in den Himmel. Hier arbeiteten in den 1960er-Jahren noch über 5000 Menschen, heute sind es knapp 1000.

Unten, im Ortszentrum, begegnet man Geschichte auf Schritt und Tritt. „Der Restaurator hat in der Lateinschule einen der ältesten Deckenbalken von Sulzbach entdeckt", erzählt der evangelische Dekan Karlhermann Schötz, als er seinem katholischen Kollegen auf der Straße begegnet. „Schön, da müssen wir einen Fotografen hinschicken", erwidert dieser erfreut.

Die Lateinschule: Sie macht das so genannte „Simultaneum", eine religionsgeschichtliche Besonderheit des 17. Jahrhunderts, so richtig anschaulich. Noch heute ist an der Wandfarbe die Trennung des Gebäudes in eine katholische und eine evangelische Hälfte zu erkennen.

Das Simultaneum entsprang nicht einer freien Vereinbarung zwischen den beiden Konfessionen. Vielmehr wurde es von zwei Pfalzgrafen eingeführt. Am 22. Februar 1652 unterzeichneten der katholisch gewordene Erbprinz Philipp Wilhelm von Neuburg und der evangelische Herzog Christian August von Sulzbach den so genannten „Kölner Vergleich". Er sicherte Christian August die Souveränität über sein Herzogtum und hatte für die Konfessionen erhebliche Auswirkungen.

So wurde mit dem Vergleich entschieden, dass das gesamte kirchliche Eigentum mit Kirchengebäuden, Pfarrhäusern, Schulhäusern, Friedhöfen oder Spitälern halbiert werden musste. Die Schulräume wurden fortan vormittags von der einen, nachmittags von der anderen Konfession benutzt. Die Gottesdienste wechselten zunächst täglich, dann wurden feste Zeiten für beide Konfessionen festgelegt. Auch der Lateinschule in Sulzbach ging es nicht anders: Der eine Teil gehörte nun den Katholiken, der andere den Protestanten.

Die neue Regelung sorgte für viele Konflikte. Weil der Altar in der Sulzbacher Marienkirche den Katholiken gehörte, bauten sich die Protestanten einen eigenen Altar, der für jeden Gottesdienst mühsam hinauf- und hinuntergekurbelt werden musste. Umgekehrt schlossen die Protestanten zehn Minuten nach Gottesdienstbeginn die Kirchentüren ab, um Störungen zu vermeiden – was wiederum die Katholiken verärgerte.

Noch absurder erscheint heute der Streit um den Taufstein in der Marienkirche: So verschlossen die Katholiken den Taufstein mit einen Eisenbügel und boten der evangelischen Gemeinde an, einen eigenen Taufstein aufzustellen. Die Protestanten verhängten prompt den Taufstein mit einem zweiten Metallbügel. Über 100 Jahre lang mussten Taufen in den Wohnhäusern oder im Dekanat stattfinden.

All dies geschah, obwohl Pfalzgraf Christian August mit dem Simultaneum „Zwietracht verhindern" wollte. Wie tolerant er war, zeigt sich auch daran, dass er den jüdischen Familien ein Wohn- und Arbeitsrecht in Sulzbach gab. Die Buchdruckereien, die in der Folge entstanden, ließen den Ort zu einem Geisteszentrum werden, das bis ins 19. Jahrhundert weit über die Oberpfalz bekannt war. Für einen ungewöhnlichen kulturellen Impuls sorgte das Simultaneum im benachbarten Weiden: Dort lernte der junge Max Reger beim sonntäglichen Orgelspiel erstmals evangelisches Liedgut kennen, das noch auf der gemeinsam genutzten Orgel herumlag. Seine großen Choralfantasien schrieb der Katholik Reger später über protestantische Choräle.

Heute erinnern die Erzählungen über die Auflösung des Simultaneums in den einzelnen Gemeinden zur Jahrhundertwende manchmal ein wenig an

Adressen

Tourist-Information,
Luitpoldplatz 25,
92237 Sulzbach-Rosenberg,
Tel. (09661)510110,
E-Mail tourist-info@sulzbach-rosenberg.de,
Internet www.sulzbach-rosenberg.de

Ev.-Luth. Dekanat
Sulzbach-Rosenberg,
Pfarrplatz 5
Tel. (09661) 891100,
E-Mail: dekanat.sulzbach-rosenberg@elkb.de,
Internet www.dekanat-sulzbach-rosenberg.de

Die Sulzbacher Lateinschule zeigt in ihrem Farbanstrich bis heute die Trennlinie zwischen den Konfessionen

Pfalzgraf Christian August von Pfalz-Sulzbach verhinderte Mitte des 17. Jahrhunderts in seinem Herzogtum die Rekatholisierung

Erbstreitigkeiten in der Familie: Da wird mühsam um jeden einzelnen Gegenstand gerungen, immer wieder sind vermittelnde Gespräche nötig, Zeit muss ins Land gehen. Für die Pfarrkirche in Rosenberg wird das Simultaneum im Jahr 1899 aufgelöst, in anderen Gemeinden entstehen zum Teil neue Kirchengebäude. In Sulzbach kommt es erst am 2. Oktober 1957 zur entsprechenden Vertragsunterzeichnung. Einige Simultankirchen wie etwa in Illschwang, Frankenhof, Götzendorf, Fürnried, Eschenfelden, Kürmreuth und Niederärndt gibt es bis heute.

Sind die Auswirkungen des Simultaneums noch spürbar? „Die beiden Konfessionen haben über viele Jahrhunderte gelernt, sich präzise zu beobachten. Man kennt sich und pflegt zum Teil auch die Bilder von früher", erklärt Dekan Schötz. Es gebe keine religiöse Indifferenz, sondern vielmehr eine gesunde Konkurrenz. Das habe auch eine „sehr gute Kirchlichkeit" zur Folge.

Spuren haben die historischen Ereignisse auch im Bereich der Ökumene hinterlassen. Mit dem Verständnis füreinander sei auch die gegenseitige Anerkennung gewachsen: „Oft machen kleine Zeichen die Verbundenheit deutlich", sagt Schötz. Da hängt die evangelische Fahne auch noch Tage nach dem ökumenischen Gottesdienst an der katholischen Kirche auf dem Annaberg, und wenn der Regensburger Bischof zu einem Vortrag kommt und sich abzeichnet, dass die Besucherzahl groß ist, stellt die evangelische Kirche kurzerhand ihre Räume zur Verfügung.

Anerkennung macht stolz, und so ist es nur logisch, dass auch die Stadt Sulzbach-Rosenberg, die heute rund 20.000 Einwohner zählt, gerne ihre Geschichte öffentlich in Ausstellungen und Tagungen präsentiert. Mit Stolz erinnern sich die Sulzbacher auch an den prominentesten Protestanten aus ihrer Gegend: Christian Knorr von Rosenroth, den Komponisten des Liedes „Morgenglanz der Ewigkeit".

Rieke C. Harmsen

Literaturtipps

Adolf Rank: Sulzbach im Zeichen der Gegenreformation. Sulzbach-Rosenberg 2003

Dekanat Sulzbach-Rosenberg (Hg.): Ev.-Luth. Dekanat Sulzbach-Rosenberg. Erlangen 1990

Johannes Hartmann (Hg.): 450 Jahre Reformation im Fürstentum Sulzbach. Amberg 1992

Ein kleines unbeugsames Dorf ...

Das „Landl" in der Oberpfalz ist die Keimzelle der heutigen bayerischen Landeskirche

Wir befinden uns im Jahre 1755 nach Christus. Ganz Baiern ist in katholischer Hand... Ganz Baiern? Nein! Ein kleines, von unbeugsamen Protestanten bevölkertes Dorf hört nicht auf, den eigenen Glauben zu leben.

Wenn die Comics von Asterix und Obelix in Bayern spielen würden, wäre die weißgetünchte Schlosskirche von St. Michael, hoch droben in Sulzbürg, Schauplatz einer der Geschichten. Denn als 1740 der letzte Nachkomme der Herren von Wolfstein, Graf Christian Albrecht, stirbt, unterliegt die Grafschaft, die jahrhundertelang evangelisch war, als „Hofkammergut der Wittelsbacher" den Katholisierungsbestrebungen der bayerischen Kurfürsten.

Am 3. Juli 1755 ergeht der kurfürstliche Beschluss, „die Schlosskirche für den evangelischen Gottesdienst zu sperren". Das gefällt den Sulzbürgern gar nicht. Sie protestieren in München und wenden sich an Friedrich den Großen von Preußen, der droht, drei katholische Kirchen in seinem Lande

Der Blick vom jüdischen Friedhof Sulzbürg auf die Kirche „Zur Heiligen Dreifaltigkeit". Um 1809 wohnten in dem Ort 190 Juden – das waren 32 Prozent der Bevölkerung. Heute leben rund 600 Einwohner in Sulzbürg, dem einstigen Hauptort des „Landl"; der Ort wurde eingemeindet und gehört heute zu Mühlhausen

Typisch für die Kirchen im Landl ist der Kanzelaltar: Diese Konstruktion, die besonders im markgräflichen Franken verbreitet war, verband Altar und Kanzel zu einem Element. Im Bild der Altar von Sulzkirchen

so lange zu schließen, bis die Schlosskirche wieder geöffnet wird. Außerdem feiern die evangelischen Bürger von Sulzbürg 36 Wochen lang ihren Gottesdienst vor der Schlosskirche. Schließlich lenkt der Kurfürst ein, die Kirche bleibt den „Protestanten".

Der Tod von Christian Albrecht bedeutet einen epochalen Einschnitt in der bayerischen Geschichte: Erstmals wird ein rein protestantisches Territorium – von Sulzbürg bis Pyrbaum – dem katholischen Kurbayern zugeschlagen. Allerdings bleibt die protestantische Kirchenleitung erhalten. Aus diesem Grunde wird das Landl zuweilen auch das älteste Dekanat in Bayern oder die „Keimzelle der bayerischen Landeskirche" genannt.

Die Herren von Wolfstein müssen ungewöhnliche Menschen gewesen sein. Ursprünglich verwalteten sie als untergeordnete Vögte der Grafen von Hirschberg das fruchtbare, hügelige Gebiet um Sulzbürg und Pyrbaum. Mit viel Umsicht und Raffinesse schaffen sie es, das Gebiet im Jahr 1353 von Kaiser Karl IV. als Reichlehen zu erhalten. Bereits im 14. Jahrhundert nahmen die Wolfsteiner jüdische Familien auf, die andernorts verfolgt wurden. Bis heute zeugen jüdische Friedhöfe und Reste von Wohnhäusern von der damaligen Zeit. In Sulzbürg gab es über 500 Jahre - bis 1938 - einen Rabbiner, dessen Amtsbereich sich bis Neumarkt, Thalmässing, Freystadt, Feucht und Regensburg erstreckte.

Der Reformation gegenüber verhielten sich die Grafen zunächst reserviert. Erst nachdem in der Region mehrere Gemeinden evangelisch geworden waren, holte Freiherr Bernhard von Wolfstein 1561 den ersten evangelischen Pfarrer Johann Huß aus Ebenried nach Sulzbürg. Insgesamt dauerte es 23 Jahre, bis der letzte Ort im Landl einen protestantischen Pfarrer hatte. Nach Sulzbürg folgte Sulzkirchen (1566), Kerkhofen (1567) und schließlich Bachhausen (1584).

Bernhards Nachfolger, Freiherr Johann Andreas, beauftragte 1574 Pfarrer Thomas Stiebar, eine Kirchenordnung zu verfassen. Diese „Instructio Christiana" enthielt Anordnungen für den Gottesdienst und die seelsorgerliche Arbeit. Wie diese: „...die pfarhern sollen auch ... sich nicht in die würtzheuser setzen ... einen Tag sich zwei oder drei Male vollsaufen und ... sich auch nicht wie ein schwein mit übrigen fressen, und saufen beladen ... damit sie die leute nicht ergern und ihr hohes ambt schenden.«

Vom Dreißigjährigen Krieg blieb das Landl nicht verschont: Rund 80 Prozent der Menschen verließen in den Kriegswirren ihre Höfe und Bauernhäuser. Der Freiherr von Wolfstein musste ansehen, wie sein Schloss in Flammen aufging und wanderte in Gefangenschaft. Nach dem Krieg bewiesen die Wolfsteiner erneut Weitsicht: Sie nahmen evangelische Glaubensflüchtlinge aus dem österreichischen „Ländchen ob der Enns" auf (daher auch der Name für die Region). Die Exulanten bauten die Höfe wieder auf und sorgten mit ihrer Glaubenshaltung für Kontinuität im Landl.

1728 stirbt der zwölfjährige Sohn und einzige Erbe von Reichsgraf Christian Albrecht von Wolfstein. Viele Jahre zuvor hatten sich die Wittelsbacher das Territorium im Falle eines Aussterbens der Linie Wolfstein zusichern lassen. Als auch Christian Albrecht selbst 1740 stirbt, kommentiert das Pfarrer Hildebrand von Pyrbaum im Sterbebuch mit den Worten: „Der teure Graf ist tot, des Lands erbarm sich Gott".

In einer Hinsicht gab es gewiss Erbarmen: Denn das Bewusstsein der Menschen für die Geschichte ist bis heute lebendig und wird eifrig gepflegt. In der Sulzbürger Schlosskirche halfen etliche Freiwillige dabei, die Gruft mit der gräflichen Grablege zu öffnen, um eine umfassende Sanierungsmaßnahme durchführen zu können. Dabei fand man die Überreste von etwa

Adressen

Landlmuseum Sulzbürg, Marktplatz 5, 92360 Sulzbürg, Tel. Leiter Friedrich Kurz (09181) 407300. ÖZ (von Ostersonntag bis Ende Oktober) So und Feiertage von 14 bis 17 Uhr oder n. V.

Dekanat Neumarkt, Seelstr. 11, 92318 Neumarkt, Tel. (09181) 407391, E-Mail neumarkt@ev-dekanat.de, Internet www.ev-dekanat.de

Der Altar von Bachhausen

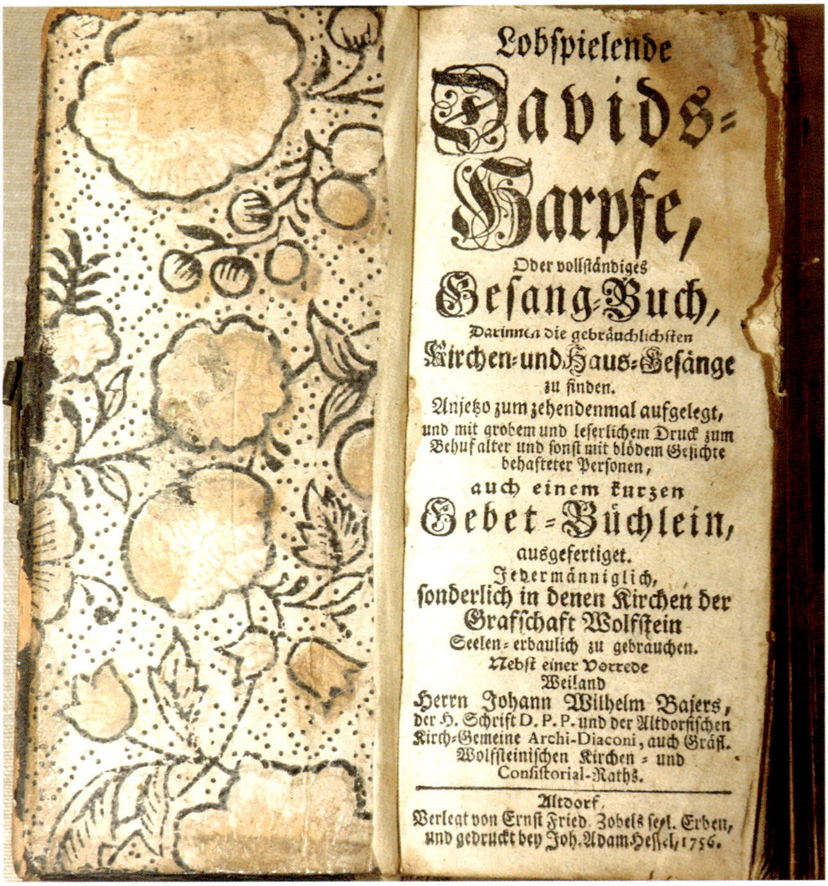

Die „Davidsharpfe", das Gesangbuch der Grafen von Wolfstein, liegt heute im Landlmuseum in Sulzbürg. Der wertvolle Nachdruck des Gesangbuches von 1756 enthält auch Gebete sowie Lieder von Magister Schwendter, der viele Jahre Pfarrer an der Schlosskirche in Sulzbürg war

zwölf Personen. „Das Interesse der Menschen aus dem Landl an der Geschichte ist enorm", erklärt Pfarrer Jürgen Rosen. Nun werden die Überreste nun untersucht, die Särge restauriert und die gesamte Gruft soll für das Publikum zugänglich gemacht werden.

Auch Pyrbaum hat trotz des »jahrelangen katholischen Gegenübers« sein evangelisches Bewusstsein bewahrt. Vielleicht ist gerade deshalb dort ein lebendiges ökumenisches Miteinander entstanden. Einmal im Jahr veranstalten die katholische und die evangelische Kirche eine gemeinsame Aktion: Mal verbanden die Gemeindemitglieder beide Kirchengebäude, die in unmittelbarer Nachbarschaft stehen, mit einem langen Schriftband, mal wurde ein roter und ein weißer Weinstock gepflanzt, und zur 875. Feier von Pyrbaum, wurde ein Kirchenmodell gebaut – mit dem evangelischen Zwiebelturm auf der einen und dem neugotischen katholischen Turm auf der anderen Seite.

Rieke C. Harmsen

Literaturtipps

Theodor Stark: Das Landl. Ein Beitrag zur Geschichte der Reichsgrafschaft Wolfstein. Neumarkt (Opf.) 1949

Alfred Tausendpfund: Der Übergand der Herrschaft Sulzbürg an Bayern. Sonderdruck aus den Beiträgen zur Eichstätter Geschichte. Eichstätt 1999/2000

Peter Smolka: Evangelisches Dekanat Neumarkt/Opf. Neumarkt 1989

Rudolf Kießling: Landlgeschichte und Landlgeschichten. Nürnberg 1992

Luthers Denkmal im „Vatikan"

Weißenburg entschied sich schon 1530 per Volksabstimmung für die Reformation

Das hätte sich der Reformator gewiss nicht träumen lassen: Sein Denkmal mitten im Vatikan, und der wichtigste Platz nach ihm benannt! Wer´s nicht glaubt, möge sich umsehen, freilich, zugegeben, nicht in Rom, sondern in Weißenburg. Die stattliche Ansammlung kirchlicher Gebäude neben der St.-Andreas-Kirche hat dort im Volksmund den gleichen Namen wie der Papststaat, und Luthers Lehre einen guten Klang, und zwar bis heute.

Denn die einstige Freie Reichsstadt schloss sich schon in den Gründerjahren der Reformation an: In Speyer und Augsburg, anno 1529 und 1530, hob der Gesandte aus Weißenburg die Hand mit den Protestanten, allerdings erst, nachdem er zuvor auf seinen nürnbergischen Nachbarn auf der Reichsstadtbank geschielt hatte. Wenn die mächtigen Nürnberger mitmachten, von denen sich die Weißenburger bei Reichstagen aus Kostengründen häufig sogar einfach vertreten ließen, dann war es gut. Sie fanden auch gar nichts dabei, diese Haltung auf dem berühmten Konfessionsbild von 1604,

Stolzes Ensemble: Der Weißenburger „Vatikan" mit ehemaliger Lateinschule (Mitte) und St.-Andreas-Kirche

Die St.-Andreas-Kirche ist neben dem Ellinger Tor das Wahrzeichen Weißenburgs (im Vordergrund das Hotel „Krone", in dem 1530 Philipp Melanchthon auf dem Weg zum Augsburger Reichstag abstieg)

das in St. Andreas an das reformatorische Bekenntnis der Stadt erinnert, bildlich festhalten zu lassen.

Ein weiteres kurioses Detail des Gemäldes: Die Gesichtszüge Kaiser Karls V., dem die Protestanten ihre Schrift überreichen, tauchen an anderer Stelle noch mal auf – nämlich in Gestalt des Pharaos, der bei der Verfolgung des Volkes Israel im Roten Meer ertrinkt.

Ein Blick auf die finanzielle Leistungskraft der beiden Städte zeigt, warum die Orientierung an Nürnberg fast unvermeidbar war: 1521 etwa zahlte die Reichsstadt Nürnberg laut Reichsmatrikel Steuerbeiträge von 600 Gulden, soviel wie der Markgraf von Brandenburg, und der war immerhin Kurfürst! Eine Stadt wie Dinkelsbühl war noch mit 240 Gulden dabei, während Weißenburg mit gerade noch bescheidenen 50 Gulden zur Kasse gebeten wurde. So frei, wie sie sich bis 1806 stolz nannte, war die Stadt denn – ökonomisch wie politisch – doch nicht.

Immerhin reichte es für die freie Konfessionsentscheidung, die hier auf denkwürdige und in Franken einmalige Weise vollzogen wurde: Am 15. November 1530, also erst nach der Unterzeichnung der „Confessio Augustana", versammelten sich im Chor der Andreaskirche die stimmberechtigten Bürger – sprich: die steuerpflichtigen Familienväter -, zu einer demokratischen Abstimmung. 447 Bürger entschieden sich für die evangelische Lehre, nur sieben wollten beim alten Glauben bleiben und verließen bald darauf die Stadt. Das Wahlprotokoll mit Auflistung aller Namen ist bis heute im Reichsstadtmuseum zu bestaunen.

Nicht nur reformationsgeschichtlich, sondern natürlich auch aus kunsthistorischer und liturgischer Sicht ist St. Andreas, entstanden aus der Kapelle eines karolingischen Königshofes des 8. Jahrhunderts, das wichtigste kirchliche Gebäude der Stadt. Prunkstück ist der gewaltige Chor aus der Mitte des 15. Jahrhunderts, der gleich drei spätgotische Altäre birgt. Weitere Kostbarkeiten sind im Untergeschoß des 65 Meter hohen Turmes zu bestaunen, das den bezeichnenden Namen „Schatzkammer" trägt. Weitere Schätze verscherbelten die Weißenburger bei einer Auktion im 19. Jahrhundert an einen Aufkäufer des bayerischen Königs, weshalb etwa die älteste Tafelmalerei nördlich der Alpen, eine Madonna im Strahlenkranz, heute nicht in St. Andreas, sondern im „Weißenburger Saal" des Bayerischen Nationalmuseums in München steht.

Besonders stolz ist Dekan Reinhard Brandt auf die behutsamen Akzente der Gegenwart im Kirchenraum: Die Gestaltung der neu als Meditationsraum erschlossenen Michaelskapelle unter dem Chorgewölbe etwa, oder das kleine Holzkruzifix auf dem modernen Volksaltar, das bei der letzten Sanierung aus dem gotischen Dachgebälk geschnitten wurde.

Wer aus St. Andreas ins Freie tritt, gelangt auf einen der schönsten Plätze der Altstadt, besagten Martin-Luther-Platz, um den sich ein Ensemble evangelischer Bauten gruppiert, allen voran die Alte Lateinschule von 1581 (heute Mesnerhaus). Der einzige, der den Platz nicht betreten darf, ist ausgerechnet Luther selbst: Sein Denkmal, im Lutherjahr 1983 von Martin Maier (München) gefertigt, wurde gegen den Willen des Künstlers aus städtebaulichen Gründen hinter die Westfassade der Kirche verfrachtet.

Dort steht er heute, sinnigerweise überlebensgroß, die aufgeschlagene Bibel in Händen, groß wie Brötchenkörbe, und blickt mahnend hinüber in die Büros seiner Kirche. „Schöner wär´s, wenn er in die andere Richtung schauen würde, zu denen, die unsere Stadt betreten", sinniert Dekan Brandt. Für

Adressen

Amt für Kultur und Touristik mit Römermuseum und Reichsstadtmuseum,
Martin-Luther-Platz 3-5,
91781 Weißenburg,
Tel. (09141) 907124,
E-Mail akut@weissenburg.de,
Internet www.weissenburg.de

ÖZ Reichsstadt- und Römermuseum:
von 1. März bis 30. Dezember täglich von 10 bis 12.30 Uhr und von 14 bis 17 Uhr.
ÖZ Bayerisches Limes-Informationszentrum (im Römermuseum) von 1. März bis 30. Dezember täglich von 9 bis 12.30 Uhr und von 14 bis 17 Uhr, Januar und Februar Mo bis Fr von 9 bis 12.30 Uhr und Mo bis Do 14 bis 17 Uhr.

Ev.-Luth. Pfarramt St. Andreas,
Pfarrgasse 5
Tel. (09141) 97460,
E-Mail pfarramt@st-andreaskirche.de
Internet www.st-andreaskirche.de

Das „Weißenburger Konfessionsbild" (hier ein Ausschnitt) ist in der St.-Andreas-Kirche zu bestaunen

Das Luther-Denkmal ist wegen seiner Überlebensgröße nicht zu übersehen, auch wenn es hinter der Kirche ein wenig versteckt platziert ist

ihn als zweiten Vorsitzenden der weltweit tätigen Luthergesellschaft hat der Blickwinkel des Reformators noch eine ganz persönliche Symbolkraft.

Von den evangelischen Denkwürdigkeiten der Stadt sei noch eine erwähnt, nämlich die winzige Kirchengemeinde auf der Wülzburg. 26 Personen gehören ihr an, sie ist damit eine der kleinsten in Bayern. Wer sich drüber wundert, muss, wie immer, die Geschichtsbücher bemühen: Denn die Wülzburg, eine mächtige Renaissancefestung oberhalb von Weißenburg, gehörte nicht der Reichsstadt, sondern dem Markgrafen von Ansbach, dessen Kanoniere denn auch nichts dabei fanden, den Reichsstädtern ab und an durch verirrte Probeschüsse etwas Angst einzujagen.

Die kleine Nikolauskirche im Schlossgebäude für die wenigen Bewohner des gleichnamigen Weilers und die jeweiligen Bewohner des Schlosses, wurde von einem ansbachischen Pfarrer mitversorgt und gehört erst seit jüngerer Zeit zu Weißenburg. Heute beherbergt die Festung Berufsschulen für Jugend- und Altenhilfe der Rummelsberger Anstalten.

Wer heute Weißenburg besucht, tut dies meist weniger wegen der kirchlichen Kunst- und Bauschätze, sondern vor allem wegen des stolzen Erbes der Antike, das Weißenburg zur wichtigsten Römerstätte in Nordbayern macht. Am Platz des einstigen Biriciana sind seit einigen Jahrzehnten Reste römischer Thermen und eines Kastells samt des originalgetreu rekonstruierten Nordturmes zu bestaunen. Wichtigstes Exponat des Römermuseums, das inzwischen als „Limes-Informationszentrum in Bayern" firmiert, ist der Weißenburger Schatzfund aus dem 3. Jahrhundert, der 1979 wieder entdeckt wurde. Zu sehen ist im dortigen Foyer auch eine ungewöhnliche Verknüpfung aus römischer und mittelalterlich-christlicher Kultur – ein Jupiter gewidmeter Weihestein, in dessen Rückseite eine Madonna gemeißelt wurde und der so jahrhundertelang in die Andreaskirche eingemauert war.

Thomas Greif

Literaturtipps

Ute Jäger: St. Andreas zu Weißenburg. Weißenburg 2000

Hermann Nicol (Hg.): Dekanat Weißenburg. Erlangen 1980

Gute Zuhörer, fleißige Handwerker

In Wilhelmsdorf in Mittelfranken ist bis heute das reformierte Erbe der Ortsgründer spürbar

Wilhelmsdorf ist anders. Es ist ein Dorf ohne Bauern, eine Kirchengemeinde, die im Gottesdienst aus Prinzip keinen Klingelbeutel herumreicht und es war bis vor kurzem das Weltzentrum der Zirkelproduktion. Der Ort, auf halbem Weg zwischen Fürth und Neustadt(Aisch) gelegen, ist als hugenottische Neugründung ein Unikum in der historischen und konfessionellen Landschaft Bayerns.

Für Besuchergruppen – und es kommen mehr, als man das der Gemeinde zutrauen möchte – hat Wilhelmsdorf einen unschätzbaren pragmatischen Vorteil. Denn alle bedeutenden Sehenswürdigkeiten sind nur ein paar Schritte voneinander entfernt: Die kleine Hugenottenkirche und das Zirkelmuseum am Hugenottenplatz. Wer nur noch bedenkt, dass das größte öffentliche Gebäude am Platz „Hugenottenhalle" heißt, dem dürften aufgehen, wem die Wilhelmsdorfer „Franzosen", wie die Nachbarn gern sagen,

Calvinistische Schlichtheit prägt bis heute den Innenraum der (inzwischen lutherischen) Hugenottenkirche von Wilhelmsdorf. Links an der Empore das Hugenottenkreuz

Lebendiges Erbe: Aus der Heimat der Wilhelmsdorfer Hugenotten stammt dieses Grabkreuz einer Nachfahrin des Ortsgründers Jean Bonnet, das Bürgermeister Werner Friedrich, Pfarrer Martin Simon und Heimatforscher Willi Seibold (von links) stolz vorzeigen

ihre besondere Prägung zu verdanken haben.

Es war anno 1685 und einer jener Momente, in denen sich die Erschütterungen der ganz großen, der europäischen Geschichte bis in die fränkische Provinz fortpflanzten. In Frankreich hatte Ludwig XIV. eben das „Edikt von Nantes" aufgehoben, das den Protestanten seines Landes die freie Religionsausübung zugesichert hatte. Unter denen, die sich lieber in der Fremde ein neues Auskommen suchen wollten als dem reformierten Glauben abzuschwören, befand sich Pastor Jean Bonnet mit ein paar Handvoll Familien aus dem Hochgebirgsort Mizoen im Südosten des Landes, heute im Departement „Rhone-Alpes" gelegen. Im Juni 1686 kam er mit 71 Personen in Erlangen an, von wo ihn Markgraf Christian Ernst von Brandenburg-Bayreuth in eine seit dem Dreißigjährigen Krieg wüstliegende Einöde im Amt Münchaurach weiterschickte. Hier, im Albachtal unweit von Emskirchen, gründete Bonnet eine Flüchtlingssiedlung, die er nach dem markgräflichen Erbprinzen Georg Wilhelm „Wilhelmsdorf" benannte.

Es dauerte einige Jahre, bis die Franzosen in der Kargheit des Frankenland Fuß gefasst hatten. Aufwärts ging es mit der Neugründung erst, als die Wilhelmsdorfer, inzwischen unter dem Patronat des brandenburgischen Rates Isaak Buirette von Oehlefeldt, auf ihre handwerklichen Talente setzten und sich auf das Strumpfwirkergeschäft verlegten. Den bescheidenen Wohlstand, der sich im Laufe der Jahrzehnte einstellte, symbolisiert der Neubau der Hugenottenkirche im Jahr 1754.

Das Gotteshaus, das seinen Namen übrigens erst seit gut fünfzig Jahren trägt, ist das sichtbarste Zeugnis der reformierten Vergangenheit: Ein quadratischer, schlichter Betsaal, dessen einstige calvinistische Strenge auch in seiner heutigen, evangelisch-lutherischen Zeit noch spürbar ist. Kein steinerner Altar, sondern ein schlichter Holztisch steht unter der zentral platzierten Kanzel. An der Empore erinnert seit jüngster Zeit ein Hugenottenkreuz an die Frühzeit der Gemeinde. Auch in den Menschen ist das reformierte Erbe spürbar, findet Pfarrer Martin Simon: „Hier wird bei der Predigt besonders genau hingehört!" Schließlich hatte das Wort bei Calvin und Konsorten einen besonders hohen Stellenwert

Damit die Konzentration der Gemeinde auf das gottesdienstliche Geschehen nicht gestört werde, ist das Herumreichen des Klingelbeutels bei den Reformierten verpönt. Und so geben auch die Wilhelmsdorfer Lutheraner bis heute ihr Spendenscherflein am Ausgang, wo Klingelbeutel und Kollektendose nebeneinander stehen.

Ein paar Häuser weiter, im gemeindlichen Zirkelmuseum, ist die andere Seite des reformierten Erbes präsent. Denn in Fleiß und Handwerkgeschick sind die Wilhelmsdorfer ihren Nachbarn bis heute ein gutes Stück voraus – immerhin hat die 1300-köpfige politische Gemeinde rund 500 Arbeitsplätze und damit mehr Ein- als Auspendler. Nach dem Niedergang der Strumpfwirkerei machten die Nachfahren der Hugenotten in Reißzeug, und sie machten es so gründlich und gut, dass noch in den 1960er Jahren jeder dritte Zirkel, der auf dem Globus in Gebrauch war, aus dem Albachtal stammte. Alte und teilweise noch betriebsfähige Maschinen lassen in dem Museum die große Zeit der Wilhelmsdorfer Zirkelproduktion lebendig werden. Als auch die Zirkel nicht mehr trugen, verlegten sich die Wilhelmsdorfer auf die Kunststoffverarbeitung. Und landeten wieder an der Weltspitze: Nahezu jeder Mensch, der heute zwischen Sibirien und dem Kap der Guten Hoffnung Kopfhörer mit Schaumstoffeinlagen trägt, spürt an seinen Ohren den Komfort fränkischer Handwerkspräzision.

Wer genau hinsieht wie Alt-Bürgermeister Willi Seibold, der seit über zwanzig Jahren das verschüttete Bewusstsein der reformierten Vergangen-

Adressen

Gemeinde Wilhelmsdorf mit Zirkelmuseum. Hugenottenplatz 8, 91489 Wilhelmsdorf, Tel. (09104) 897814, E-Mail: info@zirkelmuseum.de, Internet: www.zirkelmuseum.de

Ev.-Luth. Pfarramt mit Hugenottenkirche, Martin-Luther-Str. 6, 91489 Wilhelmsdorf, Tel. (09104) 699, E-mail: pfarramt.wilhelmsdorf@t-online.de

Öffnungszeiten von Zirkelmuseum und Kirche von Mai bis September jeden 1. und 3. Sonntag im Monat von 14 bis 17 Uhr oder ganzjährig n. Vereinbarung.

Hans Martin war der letzte Reformierte von Wilhelmsdorf. Er starb 1943

Der Klingelbeutel in der Hugenottenkirche ist fest am Ausgang verankert

heit wieder ausgräbt, kann sogar in alten Flurkarten und Häuserzuschnitten reformierten Geist erkennen: Die Grundstücke waren jahrhundertelang schmale Streifen, die Tal und Hang, gute und schlechte Böden umfassten. Die Häuser der Reformierten, von denen eine Zeile gegenüber der Kirche erhalten ist, waren großzügig und damit handwerkstauglich bemessen und verfügten zum Teil über einen komplizierten und ständig wechselnden Zimmerzuschnitt. Der konnte einer vielköpfigen Familie schon mal ein Zimmer in einer Nachbarwohnung zugestehen – aus purer Gerechtigkeit. „Das reformierte Grundverständnis war sehr demokratisch und streng am Bedarf orientiert", hat Seibold festgestellt.

Das einzige, was bei soviel reformiertem Erbe fehlt, sind die Reformierten selbst. Sie assimilierten sich schon im Laufe des 18. Jahrhunderts klaglos mit der bald zahlenmäßig überlegenen lutherischen Ortsgemeinde, die formal nach Emskirchen gehörte, sich aber immer der reformierten Kirche im Ort besonders verbunden fühlte. Eine Zeit lang wechselten reformierte und lutherische Gottesdienste, 1873 ging die Kirche in lutherischen Besitz über. Der letzte Reformierte von Wilhelmsdorf, Hans Martin, starb 1943, nachdem viele Jahre lang noch allein für ihn viermal im Jahr der reformierte Pfarrer der Erlanger Hugenottenkirche angereist war, um ihm das Abendmahl zu spenden.

Inzwischen bestehen Wilhelmsdorfer Kontakte zur protestantischen Gemeinde von Briancon in der Gegend, aus der die Gründerväter stammten. Dreimal schon musizierten die Wilhelmsdorfer Posaunenbläser auf Marktplätzen und Kirchen im Oisans. „Es schien so", schreibt Willi Seibold in seiner Chronik, „als seien entfernte Verwandte, die sich gar nicht mehr kennen, dort zusammen getroffen."

Thomas Greif

Literaturtipp

Willi Seibold: Kirche aus der Wüste. 250 Jahre Hugenottenkirche Wilhelmsdorf. Emskirchen 2004

Zeittafel

2./3. Jh.	Das Christentum verbreitet sich in den römischen Provinzen südlich des Limes
6./7. Jh.	Irische und gallisch-fränkische Missionare bei Bajuwaren und Franken
um 740	Gründung der Bistümer Regensburg, Passau, Salzburg und Freising, sodann der Bistümer Würzburg und Eichstätt durch Bonifatiius
752	Gründung des Klosters Heidenheim
1007	Kaiser Heinrich II. gründet das Bistum Bamberg
1132/40	Gründung des Klosters Heilsbronn
1415	Verbrennung von Jan Hus auf dem Reichstag von Konstanz
1500	Reichsreform Kaiser Maximilians I.
1517	**Thesenanschlag Luthers in Wittenberg**
1518	Luther vor Kardinal Cajetan in Augsburg
1521	**Reichstag zu Worms**
1524/25	Bauernkrieg in Thüringen, Franken und Schwaben
1525	Reformation in Nürnberg „Zwölf Artikel" der Bauern in Memmingen
1528	Reformation in den Markgrafschaften Ansbach und Bayreuth
1529	**Protestation auf dem Reichstag zu Speyer.** Zu den Unterzeichnern gehören der Markgraf von Brandenburg-Ansbach und die Reichsstädte Augsburg, Lindau, Memmingen, Kempten, Nördlingen, Weißenburg und Windsheim.
1530	**Erklärung der „Confessio Augustana" auf dem Reichstag zu Augsburg** Lindau und Memmingen unterzeichnen neben Straßburg und Konstanz die „Confessio Tetrapolitana" Luther auf der Veste Coburg
1533	Nürnbergisch-Brandenburgische Kirchenordnung Bildersturm in Kempten

1539/42	Reformation in Oettingen
1542	Reformation in Regensburg
1542/43	Bau der Schloßkirche von Neuburg (Donau)
1544	Reformation in Rothenburg o.d. Tauber
1546/47	Schmalkaldischer Krieg
1552	Passauer Vertrag
1555	**Augsburger Religionsfriede**
1559	Reformation in Bad Groenenbach und Herbishofen
1563	Reformation in Ortenburg
1577	Beginn des Lehrbetriebs an der Universität Altdorf
1606	Kreuz- und Fahnengefecht von Donauwörth
1608	Union von Auhausen
1614	Konversion von Herzog Wolfgang Wilhelm von Pfalz-Neuburg und Beginn der Rekatholisierung des Herzogtums
1618-48	**Dreißigjähriger Krieg**
1621	Baierische Truppen besetzen die Obere Pfalz. Beginn der Rekatholisierung
1629	Rekatholisierung von Kitzingen
1631/32	Gustav II. Adolf von Schweden in Süddeutschland
1634	Schlacht bei Nördlingen
1648	**Westfälischer Friede**
1649	Nürnberger Friedensrezess
1650	Erste Friedensfeste in Augsburg und Meeder
1652	„Kölner Vergleich" für das Herzogtum Pfalz-Sulzbach
1686	Gründung von „Christian-Erlang", der Neustadt von Erlangen, und der reformierten Kolonie Wilhelmsdorf
1734/35	Gründung der Herrnhuter Kolonie Rehweiler
1738	Neubau der St. Gumbertuskirche in Ansbach
1740	Die Grafschaft Wolfstein („Landl") kommt zum Herzogtum Kurbaiern

Zeittafel

1743	Gründung der markgräflichen Universität in Erlangen
1801	Der erste Protestant erhält in München das Bürgerrecht
1802	Gründung von Großkarolinenfeld
1803-1815	**Im Zuge der Neuordnung Europas unter Napoleon kommen große Teile Frankens und Schwabens zum neuen Königreich Bayern**
1806	Die bayerische evangelische Landeskirche entsteht
1809	Schließung der Universität Altdorf
1813	Die Hofkirche in Bayreuth wird katholisch
1818	Die Generalkonsitorien in Bayreuth und Ansbach werden eingerichtet
1837	Wilhelm Löhe in Neuendettelsau
1905	Erster Diakon in Rummelsberg
1918	**Revolution und Abdankung des bayerischen Königs Ludwig III.**
1919	Erste bayerische Landessynode in Ansbach
1920	Coburg kommt zu Bayern
1933	Hans Meiser wird zum ersten evangelischen Landesbischof gewählt
1934	Ansbacher Ratschlag
1934/35	Höhepunkt des Kirchenkampfes im Dritten Reich
1938	Abriss der Matthäuskirche in München durch das NS-Regime
1945	Kriegsende. Die Kirchenleitung zieht übergangsweise nach Ansbach um
1945-49	Zahlreiche evangelische Flüchtlinge kommen nach Bayern
1946	Gründung der Augustana-Hochschule in Neuendettelsau
1950	Gründung der Communität Casteller Ring auf dem Schwanberg
1951	Erster Bayerischer Kirchentag auf dem Hesselberg
1972	Die Enklave Ostheim kommt zur bayerischen Landeskirche
1999	„Gemeinsame Erklärung zur Rechtfertigungslehre" in Augsburg

Abbildungsnachweise

Stadt Amberg, Ev.-Luth. Kirchengemeinde Auhausen, Freilandmuseum Bad Windsheim, Alexander Biernoth, Kurverwaltung Bad Groenenbach, Staatsarchiv Coburg, Tourismus & Congress Service Coburg, Tourist Service Dinkelsbühl, Stadtarchiv Donauwörth, Tourist Information Donauwörth, Stadtmuseum Erlangen, Universitätsbibliothek Erlangen, Hans-Rainer Fechter, Hanns Friedrich, Roman von Götz, Thomas Greif, Rieke C. Harmsen, Barbara Herbst, Tänzelfestverein Kaufbeuren, Tourist Information Kaufbeuren, Ev.-Luth. Kirchengemeinde Dreifaltigkeit Kaufbeuren, Beate Krämer, Landeskirchliches Archiv Nürnberg, Wolfgang Lammel, Stadt Lindau, Marx, Ev.-Luth. Kirchengemeinde Meeder, Meininger Museen, Stadtinformation Memmingen, Archiv Bernd Meyer, Axel Mölkner-Kappl, Kirchengemeinde St. Matthäus München, Foto-Munique, Weißenburg, Archiv der Diakonie Neuendettelsau, Landeskirchliches Archiv Nürnberg, Heimatmuseum Oettingen, Ev.-Luth. Pfarramt Ostheim, Passau Tourismus, Susanne Petersen, Regensburg Tourismus GmbH, Ernst Reichold, Tourist Information Rothenburg ob der Tauber, Referat Öffentlichkeitsarbeit der Rummelsberger Anstalten, Robert Sauerbeck, Archiv Sonntagsblatt – Evangelische Wochenzeitung für Bayern, Markus Springer, Lutz Taubert, Christian Topp, Wolf-Dietrich Weissbach, Ev.-Luth. Kirchengemeinde Wilhelmsdorf, Helmut Winter

Stichwortverzeichnis